だいわ文庫

モヤる言葉、ヤバイ人から心を守る

言葉の護身術

アルテイシア

大和書房

はじめに

ヘルジャパンに生きる女子は息してるだけで偉い。そんな女子がもっと生きやすくなってほしい。

私はそんな悲願から「モヤる言葉に言い返す方法」や「ヤバい人から身を守る方法」など、女子が身を守るための「言葉の護身術」をコラムに書いてきた。

それらを読んだ方から「セクハラやパワハラにＮＯと言えるようになった」「人間関係のストレスが減った」「怒るべき時に怒れるようになった」と感想をいただき、我が人生に一片の悔いなし！ 来世はチンアナゴでよし！ と満足していたが、このたび一冊の本として出版することになった。

本書には、ｂｏｔ返し、明菜返し、エジソン返し、哲学返し、猫＆ＢＬ返し、ナイツ返し、ネズミ返し、マンスプ返し、イキリオタク返し、オカルト返し、エシディィシ返し、アナル返し……その他、あらゆるシチュエーションに対処するための護身術がつまっている。

また、友人でもある弁護士の太田啓子さんとの対談では「法律の護身術」を伝授していただいた。

セクハラやパワハラに遭ったら？　モラハラやDVを受けたら？　性被害に遭ってしまったら？　ネットで嫌がらせをされたら？　等、法律の専門家の立場からアドバイスをいただき、弁護士ガチャでアタリを引くには？　お金がない人はどうすりゃいいの？　フリーランスと会社員はどう違うの？　といった質問にも答えていただいた。

本書は、ヘルジャパンを女性が生き延びるための実用書である。1人でも多くの方に役立ててほしいので、図書館とか電車の網棚にも置いてほしいし、友達の間でジャンジャン回し読みしてほしい。

「モヤモヤを言葉にしてくれてスッキリした」という感想も読者の方からいた

だく。

誰かの発言にモヤった時「なんでこんなにモヤるの？　私が気にしすぎなの？　過剰反応なの？　相手はどういうつもりなの？　ひょっとして私が悪いの？　私に問題があるの？」と思考が迷子になった経験は、誰もがあるんじゃないか。

そんな時にモヤモヤの正体がわかるとスッキリするし、自分の感覚は間違ってなかったんだと安心できる。かつその場で適切に言い返せるようになると、自分に自信がつく。

45歳の私は肉体の瞬発力は衰えたが、言葉の瞬発力が上がったので、生きるうえでの自信がついた。

一方、20代の私は傷つく発言や不快な発言をされても、とっさに言い返せなかった。その場では怒りやショックを飲みこんで、笑顔で受け流すことが多かった。

そして寝る前に思い出しては「キエー!!!」と叫んでジタバタしていた。するとと手足の血行は良くなるが、メンのヘルス的には良くない。夜中に「生霊飛ばし方」でググって「ペットボトルを使った手軽な飛ばし方」を熟読しながら、寝不足になっていた。

そんな過去の自分の枕元に立って「言葉の護身術を学ぶと生きやすくなるぞ」とこの本を渡したい。「誰? 怖い!!」と余計眠れなくなりそうだが。

ジェンダーギャップ指数120位のヘルジャパンでは、若い女は特にナメられる。20代の私は会社でセクハラやパワハラの標的にされても「自分が悪いんだ」と思っていた。「女は笑顔で愛想よく」「セクハラされても笑顔でかわせ」と呪いをかけられて、わきまえた女として振る舞っていた。

そうして怒りや痛みに蓋をしたまま、自尊心をゴリゴリ削られていき、不眠や過食嘔吐に苦しんでいた。痛みを我慢し続けるうちに感覚が麻痺してきて、戦う気力や逃げる気力も奪われていた。

そんな私を救ったのが、フェミニズムだった。フェミニズムに出会って、自分を苦しめる呪いの正体がわかった。「私、怒ってよかったんだ」と気づいて「痛いんだよ、足をどけろよ！」と抗議できるようになった。押し殺していた感情を解放して言葉にすることで、俄然生きやすくなった。

そして現在はジェンダー差別やハラスメントにバチギレる文章を書きながら、元気いっぱいに生きている。中年の忘却力を発揮しつつも、かつて会社のトイレで「死んじゃおっかな」と泣いた日のことを覚えている。

そんな過去の私みたいな女子たちに言いたい。「1人でトイレで泣かないで、あなたたちは息してるだけで偉いのだから」と。そこでホッケーマスクとチェーンソーを渡すとポリス沙汰になるので、そっとこの本を差し出したい。

本書には、この世にはびこる呪いをぶちのめす言葉をつめこんだ。それらを武器にして、どうか元気にすこやかに暮らしてほしい。

はじめに

3章

セクハラ・パワハラのセパ両リーグ開幕！女性を標的にする「ヤバイ人」

4章

言葉の護身術でブロックしよう！距離をとるべき「ヤバイ人」

1章

悪気はないかもしれないが 褒めるフリをした「モヤる言葉」

「いい奥さんになりそうだよね」押しつける人

「会社のイベント後に後片付けをしていたら、男性の先輩から『いい奥さんになりそうだよね』と言われてモヤりました」

そんな報告がとある女子から寄せられた。「褒め言葉のつもりだろうけど……私が気にしすぎ？　過剰反応？」と本人は悩んでいたが、「わかる！」と膝を打つ女子は多いだろう。私も「わかるわかる♪」とリズミカルに膝パーカッションした。

「いい奥さんになりそうだよね」にモヤるのは、古ぼけたジェンダー観の押しつけを感じるからだ。「それ私が男だったら言うか？」と考えてみると、モヤモヤの正体が見えてくる。たとえば、男性社員が後片づけをしても「いい夫になりそうだよね」とは言われないだろう。また、舞台で雄弁にスピーチした女子に向かって「いい奥さんになりそうだよね」とは言わないだろうし、安土桃山生まれの老人であれば「女にしておくのはもったいない」ぐらい言うかもしれない。

イベントの後片づけは、目立たない裏方の仕事である。数年前、おにぎりを2万個握った高校野球の女子マネージャーが話題になったが、大リーグボール養成ギプスを発明した女子マネージャーであれば、「美談」にはならなかったんじゃないか。

おにぎりの製作やユニフォームの洗濯など、「裏方として献身的に」、表舞台で活躍する男を支える女が称賛される。そんな現象を目にすると「よっ、さすがジェンダーギャップ指数120位のヘルジャパン！」「やたらサムライとかナデシコとか言いたがる国だよね！」と野次を飛ばしたくなる。

令和になっても、日本には「良妻賢母」「内助の功」「男は外で働き、女は家を守る」といったジェンダーロール（性役割）が根づいている。料理や家事が得意な女子を「いい奥さんになりそう」と褒める一方、その型にはまらない女子は「女子力がない」「嫁のもらい手がないぞ（ドッ！）」とディスられる。我々はそんな状況に、ほとほとうんざりしているのだ。「古ぼけた型を押しつけるな、好きにやらせろ！」「自分が主役で何が悪い！」「私の主人は私だ！」とバチギレているのだ。

みたいなことを書くと「そんなに怒らなくても」「過剰反応」「女は感情的」と赤潮のようにクソリプが発生するが、それももう慣れっこだ。「ババアのヒステリー」「更年期ｗｗ」と揶揄されても、45歳のJJ（熟女）は次世代の女子に向かって言い続ける。「いい奥さんになりそうだよね」と言われてモヤる感覚は何もおかしくない、むしろアップデートできている証拠だと。

１９７６年生まれのアルテイシアの学生時代は「委員長は男で副委員長は女」「男がリーダーで女はサブ」が当たり前のルールだった。２０２３年現在、建前上は男女平等がルールだが、実社会に出ると男尊女卑にぶん殴られる。

女というだけで入試で減点されて、女は子どもを産むからと就職で差別され、産休育休を取ってもベビーカーで電車に乗っても迷惑がられる社会で「じゃあ子どもを産まない」と女が選択すると「けしからん、ワガママだ」と責められる。

職場では「女には期待しない」「がんばっても無駄だ」と頭を押さえつけられ、がんばらないと「やっぱり女は仕事ができない」とナメられる。そんな中、命がけで出産しても保育園に入れるのはむっさハード、保育園に入れても働きながら子育てするのはげっさハード、ワンオペ育児で死にそうDEATH!! みたいな地獄に生きる女子はみんな、息してるだけで偉いのだ。そんな女子が堂々と好きな生き方を選べる社会に変えていきたい。

多様性社会とは人の生き方を邪魔しない、余計な口出しをしない社会である。**良妻賢母になりたい人は、なればいい。それ以外の選択肢も自由に選べること、人それぞれの選択を否定も批判もされないこと。**我々はそんなごく当たり前のことを望んでいるが、ヘルジャパンではいとも簡単に打ち砕かれる。

アラサーの女友達は、結婚相談所に提出するプロフィールに「共稼ぎで家事の分担を希望します」と書いたら、担当者に「ワガママかもしれませんが、結婚後も仕事を続けたいので、たまに家事を手伝ってもらえると嬉しいです」に修正されたという。「私の希望ってワガママなんですかね……」とうなだれる彼女を見て「この世界は地獄だ」と進撃のアルミンの顔になった。

「結婚したけりゃ家庭的アピールしろ、良妻賢母アピールしろ」とクソバイスされて「私が結婚を望むのが間違いなんですかね……」と婚活から離脱していく女子は多い。

「戯言は地獄の鬼にでも言え！」と相談所に火をつけたいが、地獄の業火で焼かれるべき真の敵は、ジェンダーの呪いである。「いい奥さんになりそうだよね」と無意識に呪いをばらまく側が、アップデートするべきなのだ。

とはいえ、立場が上の先輩や上司に「その発言は時代遅れだしジェンダー視点的にアウトだし、アップデートした方がいいっすよ」と注意するのは難しい。だからといって「ありがとうございます」と笑顔で返すのはやめよう。笑顔で愛想よく返すほど「彼氏はいるの？」「結婚はどうなの？」とウザがらみされてしまう。

女子はまず、反射的に笑顔を出すクセを封印しよう。そのうえで、ラオウ顔（北斗の拳に登場する世紀末覇者拳王）の練習をしてほしい。ラオウ顔が難しければ、ハシビロコウのような真顔をキメよう。

「いい奥さんになりそうだよね」と言われたら「えっ？」とハシビロコウ顔で相手を見つめて「……意外と古風な考え方なんですね」と返すといい。すると相手は「自分の考えは時代遅れなのかな」と気づくかもしれない。

もしくは**「えっ、なんでですか？」「私は仕事で後片づけしてるんですけど、それといい奥さんとどう関係があるんですか？」と質問返しをしよう。**相手が吉良吉影なら爆殺されるおそれがあるが、あんなスタンド使いはめったにいない。スタンド能力はなくても思考力のある相手なら「たしかに関係ないよな」

と気づくかもしれない。「私が男でも『いい夫になりそうだよね』って言います？」と質問を返すのもアリだ。

そこで「女の子は気づかいできた方がいいでしょ」「褒めてるんだから素直に受け取れば」とか言われたら、爆殺したくなるだろう。**立場的に爆殺できない場合は「○○さんはそういう考えなんですね」「○○さんはそういう考えなんですか」とｂｏｔ返しをキメよう。**ひたすらｂｏｔ返しをすれば相手は話す気を失うし、「貴様の考えを押しつけるな」と暗にアピールもできる。

そこでまだゴチャゴチャ言ってきたら「それうちの百歳の祖父も言ってます」とおじいさん扱いして「その祖父が危篤なので帰りますね」とさっさと離れるのが一番だ。

ヘルジャパンでは「もううんざりだ！」と相手の頭部をバットでフルスイングしたくなる場面が多い。でも撲殺や爆殺をするとポリス沙汰になるので、言葉のバットで華麗にかっとばしてほしいと思う。

「あなたは強いからいいよね」決めつける人

「仕事で納得いかないことがあって上司に意見したところ、『あなたは強いからいいよね』と同僚から言われました。私が意見できるようになったのは、仕事で苦労や努力をしてきたからなんだけど……とモヤモヤします」

そんな報告がとある女子から寄せられた。**「あなたは強いからいいよね」、これは金メダルをとったアスリートに「才能があっていいよね」と言うのに似ている。**「もともとの資質に恵まれてラッキーだよね」的な言い方をされると、これまでの苦労や努力を無視されたように感じるものだ。

「上には逆らわず、黙って従う方が得」「女が意見するなんて生意気だ」「女は黙ってわきまえていろ」そんな価値観がはびこる男社会で、冒頭の彼女は必死で戦ってきたのだろう。その過程で何度も傷ついてきたはずだ。それを「強いからいいよね」の一言で済まされると、傷つかない鈍感な人間と言われたように感じる……と書きながら「わかる！」と膝パーカッションで単独ライブする我である。

毒親育ちの我は、そこそこハードモードな人生を送ってきた。母の変死、父の自殺、弟の失踪、借金騒動……といった体験を拙著『離婚しそうな私が結婚を続けている29の理由』（幻冬舎文庫）に綴っている。毒親フレンズに役立つライフハックも載っているので、ぜひ参考にしてほしい。

拙著を読んだ方から「アルさんって強いですね」とよく言われるが、攻撃を無効化するスタンド能力があるわけじゃないので、その都度ダメージは受けてきた。この場合の「強いですね」は感心や称賛の意味だとわかっているし、不快な気分にはならない。けれども「強くなりたくてなったわけじゃないし、私も傷つかないわけじゃないんだけどな」と思う。

メンがヘラヘラ状態で生きてきた我は、全身に矢が刺さった落ち武者みたいな心境だった。それなのに「強いですね」と言われると傷ついてないみたいだし、「今でも傷は残ってるんだけどな」と思う。

親にされた仕打ちは一生忘れられないし、今でも仲良し親子の話を聞くとつらくなる。若い頃は「ねたみ・うらみ・ひがみ・そねみ」でガールズバンドを組める状態で、そんな自分に対する自己嫌悪にも苦しんだ。JJ（熟女）になってメンが太くなって楽になったが、今でも親に似た人を見るととっさに親指を隠す。

このようにトラウマを抱えていても、心の傷は目に見えない。金カムの杉元みたいな見た目だったら「地獄を見てきたんだな」と察してもらえるが、他人の地獄は外側からはわからない。かといって「俺の見てきた地獄を三日三晩ノンストップで語ってやろうか」と迫るのは重いし、落ち武者コーデで過ごすのも重い&暑い。

遠くから膝パーカッションのサウンドが聞こえてくる。世の中には傷を抱えながら生きている人がいっぱいいて、傷ついた経験を誰にも話せない人や、あえて笑い話っぽく話す人もいる。**人それぞれ事情や過去があるのだから、私は「強い」と安易に言わないようにしている。それよりも「大変だったね」「つらかったね」と言う方が相手は救われるだろう。**

私もそんな労りの言葉をかけてくれる人々のおかげで、ダメージから回復できた。ちなみに「ほんとすごい、銅像を建てたい！」という言葉も嬉しかった。銅像になりたいわけじゃなく、素直に褒めたいという気持ちが伝わったからだ。

「あなたは強いからいいよね」以上に言われて傷つく言葉は「私はあなたみたいに強くないから」だろう。川崎貴子さんの著書『我がおっぱいに未練なし』を読んだ時、次の感想をコラムに書いた。

「連邦軍のモビルスーツのような強度で乳がんを返り討ちにした川崎さんは、『私はあなたみたいに強くないから』と人生で何度も言われてきたと思う。でも、この本を読むとわかる。生まれつき強いだけの人間なんていない。みんな強さと弱さを抱えていて、どんなに傷つきぺしゃんこになっても、強くあろうとすることが強さなのだと」

このコラムを読んだ川崎さんから「泣きました」と感想をもらって「鬼の目にも涙」と思いつつ、銅像を建てたくなった。銅像の足元には鬼ころし等の日本酒をお供えしたい。

では「あなたは強いからいいよね」と言われた時に、どう返せばいいか？

そこで曖昧に笑顔を返すとモヤモヤが残る。「さすが○○さん、無敵だね！」とか言われたら余計にモヤる。

なので**「えっ？」とびっくり顔からの「強いってどういう意味ですか？」と質問返しがおすすめだ。**「強さって……何かね？」と菅原文太返しをキメてもいい。そこでふざけた態度をとられたらカボチャで殴ってもいいだろう。

「私は仕事で必要だから上司に意見を言ったのですが、それと強さとどう関係があるんですか？」と早口で言って、眼鏡をクイッとしてもいい。そこで「なんでいちいち過剰反応するの?!」と逆ギレされたら「質問を質問で返すなあーっ!!」と吉良吉影になろう。もしくは「おまえは今まで食ったパンの枚数を覚えているのか?」と全然関係ない質問をぶっこもう。

立場的に強い返しができない場面では、明菜返しがおおすすめだ。中森明菜のモノマネをする友近をお手本にして「強いって……何なんでしょうね……」と小声&伏し目で返そう。三点リーダー多めに返せば「なんか悪いこと言っちゃったな」と相手は気をつかうだろう。

明菜返しは、いろんな場面で使えて便利。「彼氏は?」「結婚は?」と聞かれた時も「いろいろあって……」「結婚って……何なんでしょうね……」と返せば「この人に恋愛や結婚の話題はタブーだ」と印象づけられる。

二度とからんでほしくない相手に対する、一撃必殺フレーズがこちらだ。

「あなたは強いからいいよね」

「でも経済的には弱者だよ、お金貸して!」

そこから「銭が正義ズラ、銭のない正義は無意味ズラ」と銭ゲバのモノマネをすれば、相手は恐怖するだろう。

最後に、**殺したいフレーズ選手権第一位に輝くのは「きみは強いからいいよね、でも強すぎる女はモテないぞ！」**である。この手の発言をする男は、自分より弱い女=支配しやすい女を求めている。「守ってあげたい」とキラキラ粉飾しつつ、女を従わせたい男尊女卑マインドの持ち主なのだ。

なので**「そんな男は願い下げです♡」と笑顔で返して、片手でクルミを握りつぶそう。**「貴様の睾丸も砕いてやろうか」と匂わせアピールして、ビビらせてほしい。そのために、ポケットや頬袋にクルミを常備しておくのがおすすめだ。

ミソジニーな人

「おじさん転がすの上手いよね」

「会社でリーダーに抜擢された時、『おじさん転がすの上手いよね』と男の同期に言われました。普通に仕事してるだけなのに、おじさんに媚びるのが上手いってこと？　とショックで何も言い返せなかったことが悔しいです」

そんな報告がとある女子から寄せられた。「それ私が男だったら言うか？」と胸ぐらをつかんでシュレッダーにかけたい案件である。

リーダーに抜擢されたのが男性だったら「優秀だね」「仕事がんばってるね」と普通に評価されるだろう。一方、女性の場合は「おじさん転がすの上手いよね」と皮肉めいた言い方をされる。**女性の実力や努力を正当に評価せず、「どうせズルい手を使ったんだろ」と決めつける。**これぞまさにヘルジャパンの男尊女卑仕草ナリ‼　という話を女子会でしたら「わかる‼」と膝パーカッションで地面が揺れて、地殻変動が起こった。

女性陣から寄せられたエピソードが以下である。

「私は営業として顧客に丁寧に説明するように心がけています。それなのに男の同僚から『女はすぐ顔を覚えてもらえていいよな』とか『俺も女の営業が来たら買うもんな』とか言われて、虚しくなります」

「リーダーに抜擢された時、男の先輩に『あいつは上司と不倫してるんじゃないか』と言いふらされました。周りからも『上司とはどうなんだ？』と探りを入れられて……。仕事は好きだったけど、その先輩と働くのが無理すぎて退職しました」

いずれも、男の嫉妬&ミソジニー（女性蔑視）を煮詰めたような案件だ。「女のくせに」自分より仕事ができるなんて気に食わないから、実力や努力じゃなく「女の武器」を使ったんだろとレッテルを貼る。そんな卑劣な連中を地下数百メートルに埋めて地層処分したい。

漫画『凪のお暇』でも、努力して契約をとった若い女性が「社長が面食いでよかったですね」と男性から言われる場面がある。「若い女は得だよな」「彼女は社長のお気に入りだから」、そんな言葉で女性に無力感を刷り込みつつ「女性も活躍できる社会に（キラキラ）」なんてどの口が言う？　と唇をホチキスでとめてやりたい。

「プレゼンにはスカートを穿いていけ、とおじさん上司に言われた」「客に結婚してることは隠せと言われた」といった声も寄せられた。令和になっても、平気でこんな発言をするおじさんが大勢いるのだ。

「今はもう女性差別なんてないでしょ」「いちいち気にしすぎじゃないの」と本気で言う男性陣は、気にせずにいられることが特権なのだと気づいてほしい。

そして女性陣と「おじさんを殺がしてやろうぜ！　ブオオー！」と法螺貝とグレッチを手に出陣したい。

一方「こんな地獄で戦うなんてアホらしい」と離脱する女性がいるのも事実。

広告会社時代、とびきり優秀な女性の先輩がいた。帰国子女の彼女は広告会社を退職後、外資系企業でキャリアを積んで、日本企業に管理職として転職した。その時、男尊女卑すぎる体質に愕然としたという。

「男性の部下がミスした時に注意すると、大声で逆ギレされるのよ。『私が男だったら同じように怒鳴る？』と聞いたら『だって○○さんは女じゃないですか！』と開き直られて……結局、女の下で働くのが気に食わないだけなんだよね」

そんなことが積み重なって「仏の顔もスリータイムズやぞ」と嫌気がさした彼女は、ふたたび外資系企業に転職して今もマーベラスに活躍している。

男尊女卑にうんざりして、優秀な女性たちが離れてしまう。たださえ人手不足のヘルジャパンなのに、泣きっ面にビーである。それで「女性の管理職が少ないのは女性自身の責任だ」なんて、どの口が言う？ ブオオー!!（法螺貝）

「おじさん転がすの上手いよね」と言われた女子は「私の態度に問題があるの?」と悩むだろう。でもそうじゃなく、発言する側に問題があるのだ。**そんな時は「それ私が男だったら言うか?」という視点で考えてほしい。**

たとえば若い男性の営業マンが「体育会系は元気があっていいなあ」と社長に気に入られた場合「男を使った」「若い男は得だよな」とは言われないだろう。広告会社時代も客と風俗に行く男性の営業マンがいたが、それは「男を使ってる」と揶揄されず、むしろ「裸の付き合い」「男同士の絆」みたいに評価されていた。吐き気をもよおすホモソとはッ! オボロロロロ(嘔吐)

女の実力を認めたくない、というミソジニー。女なんかに負けたくない、という男の嫉妬。それらを無自覚にまきちらかす人々は「どうせ言い返してこないだろ」と女をナメているのだ。

なので**「おじさん転がすの上手いよね」と言われたら「え〜どういう意味で**

すか～」と笑顔で返すのはやめよう。ハシビロコウのような真顔で「え、どういう意味ですか？」「私は普通に仕事してるだけなのになんでそんなこと言うんですか？」と返そう。そこで「そんな怒らなくても」とか言われたら「いや怒ってませんけど？　普通に質問してるだけなのになんで怒ってると思うんですか？」とかぶせよう。

こいつフンコロガシ以下だな……と虫を見るような目をイメージすれば、ハシビロコウみが深まる。それで「それ私が男だったら言いますか？　言いませんよね？　なぜ言わないか考えたことありますか？　ありませんよね？　そうやって考えずにすむのが特権ですよね？」と早口で返すといい。

フンコロガシ以下の相手は何も言い返せないので、「あなたにはちょっと難しかったかな（苦笑）」と肩をすくめるジェスチャーをしよう。すると相手は「ヤバい、こいつかしこや」とビビって二度と近づいてこなくなる。

立場的に強い返しができない場合は「そういうこと言う男性、多いですよね……」と苦虫を噛み潰したような顔をしよう。もしくは「…………」と相手をまじまじ観察しよう。こいつ引っくり返したら足が何本生えてるのかな？とファーブル顔で見つめれば、自分の発言はおかしかったかも、と相手は気づくかもしれない。

女性陣からミソジニー案件を聞くたび「おい、この世界は地獄だで」とアルミンと蟹工船が混ざった顔になる私。しかも、その手の発言をしてくるのは男性だけじゃない。男社会に過剰適応してしまった女性から「おじさんを上手く転がせ」「女の武器を使え」とか言われて、絶望する女子もいるだろう。「こんなヘルジャパンでは言わぬがフラワー、戦っても焼け石にウォーターだ」と諦めたくなる気持ちもよくわかる。

けれども、時代は確実に変化している。

10年前、私が「フェミニズムをテーマに書きたい」と出版社に提案しても「そんなの売れるわけがない」と見向きもされなかった。それが今では「フェミニズムをテーマに書いてほしい」と依頼が来る。ここ数年、フェミニズム系の書籍やコンテンツが続々ヒットしている。

#KuToo が国会で取り上げられ、ハイヒールの強制をやめる企業も出てきた。フラワーデモの成果で「性暴力を許さない」という声が全国に広がっている。ジェンダー差別的な発言やコンテンツが炎上して、燃えるべきものが燃える時代になった。ジェンダー意識が低いと生き残れない、と危機感を抱く企業も増えている。

一人一人が声を上げることで、社会は変えていけるのだ。

だから私は今後も法螺貝を吹き鳴らす。皆さんも法螺貝やグレッチ、もしくは膝パーカッションでジョインしてもらえると嬉しい。

見た目をジャッジする人
「子どもがいるようには見えない」

「美容系の仕事なので、メイクやファッションには気を使ってます。そのせい？なのか『子どもがいるようには見えない』とよく言われて、そのたびにモヤモヤします」

そんな報告がとある女子から寄せられた。女性芸能人のことを「二児の母には見えない美しさ」と称える記事はよくあるが、男性芸能人を「二児の父には見えないイケメン」と称える記事はほぼ見かけない。

それは「母親は見た目に構わないもの」という、ステレオタイプな母親像があるからだろう。その根っこには**「子育ては女の仕事」「母親は子どものために犠牲になるもの」というジェンダー観**が存在する。

「子どもがいるようには見えない」が褒め言葉として使われる一方、子持ち女性が派手なメイクや個性的なファッションをすると「母親のくせにどうなの？」と眉をひそめられたりもする。またその一方で、子持ち女性が見た目に構わなくなると「女を捨てる」と揶揄されたりもする。「小姑か！　いちいちうるせえ！」と暴れたくなるママさんは多いだろう。子ナシの拙者も暴れ太鼓を打ち鳴らしたい。

天下のアムロちゃんですら、出産後に復帰した時「劣化した」「もうアイドルとしては無理」とメディアに書かれていた。平気で人の見た目をジャッジする、ルッキズム大国ヘルジャパンのお家芸だ。

スウェーデン在住の友人、久山葉子氏（『スウェーデンの保育園に待機児童はいない』東京創元社・著者）が「スウェーデンでは『人を見た目でジャッジしない』『人の見た目に言及しない』が子どもでも知っているモラルの基本」と話していた。

彼女はスウェーデン育ちの娘さんに、何度かマジギレされたという。たとえば、保育園のママ友のことを「○○ちゃんのママ、美人だよね～」とつい言ってしまったら「ママ、見た目がどう関係あるの？」とキツく言い返されたんだとか。

「マジギレされて心から嬉しかった」という彼女はドMなわけじゃなく、「スウェーデンの子どもたちは、人間としてモラルに反することが何なのかをしっかり理解している」と感じたからだ。

「子どもがいるようには見えない」にモヤるのは、ステレオタイプなジェンダー観やルッキズムを感じるからであり、感覚がアップデートできている証拠である。そんな女性たちを見習って、メディアも早急にアップデートするべきだろう。

2019年、女性誌『Domani』の広告が炎上したが、そこには次のようなコピーが並んでいた。

「忙しくても、ママ感出してかない！」

「〝ママに見えない〟が最高のほめ言葉♡」

「ちょっと不良なママでごめんね♡」

「えっ⁉　お子さんいらっしゃるんですか⁉」

「働く女は、結局中身、オスである。」


これを見て、強烈な昭和臭にめまいがした。この広告は読者層であるワーママを応援したいという意図で作られたのだろう。だが「育児が大変でも女を捨てちゃ駄目だゾ♡」とプレッシャーをかけるのは、エンパワメントとは真逆の方向だ。

また「ママに見えないママが最高」→「ママに見えるママは駄目」というメッセージは女性の分断につながり、シスターフッドとも真逆の方向である。読者を応援したいなら「どんなママでも最高」「息してるだけで偉い」「みんなで助け合っていこうな」とメッセージを発信するべきじゃないか。

極めつきが「働く女は、結局中身、オスである。」

「男は仕事、女は家庭」という性役割を強化するメッセージに「自民党のおじいさんが考えたのかな？」という疑惑が浮かんだ。

ネットでも「時代錯誤で不快感しかない」「なぜオスにならなきゃいけないの？」「女は女として堂々と生きる自由がある、それは決して男のように生きることじゃない」と女性たちから批判の声が上がっていた。女性誌の広告が女性に嫌われたら、広告として失敗である。事前に拙者に見せてくれたら「これ全裸で灯油かぶってキャンプファイヤーするぐらい燃えますよ」と教えてあげたのに。ギャラは千円でいい。

この「ママになってもブイブイいわせちゃうぞ、ヒューヒューだよ！」的な昭和ノリもやばいが、読者が見えていないことが一番やばい。令和のワーママたちはヒューヒューどころか「毎日、風呂に入る余裕もない」とゼエゼエしている。日本の子持ち女性の睡眠時間は世界一短いとも言われている。そんな疲弊しているママたちに「美容やおしゃれもがんばルンバ♡」とハッパをかけるのは、控えめに言って鬼だろう。

私だったら「お風呂入ったの？　えらーい！」とコウペンちゃん流にスタンディングオベーションしたい。かつ**「働くママにスーパーウーマンを求めるな！」と暴れ太鼓を打ち鳴らしたい。**

ケイト・ブランシェット先輩が日本のTVインタビューで「母親と女優業の両立は大変ですか？」と聞かれた時に「もし私がショーン・ペンやダニエル・デイ＝ルイスなら、そんな質問はしないですよね？」「父親の場合、両立は大変ですか？　とは聞かれないと思います」と答えていた。さすが先輩!!　とスタンディングオベーションしたが、日本の女優さんが同じ回答をしたら叩かれるんじゃないか。ヘルジャパンでは「朝5時に起きて子どものお弁当を作ってます」とアピールしないと「母親失格」と批判される。

そんな地獄みたいな社会だが、『Domani』の広告が炎上したり、ブランシェット先輩の発言が注目されたりと、時代は変化している。

私が20代の頃は、スーパーウーマン系のママが称賛されていた。広告会社時代は「子どもがいることを言い訳にしたくなくて、必死のパッチでがんばって、トップ営業マンになりました！」みたいな女性の先輩に「そこに痺れる憧れるゥ！」と後輩たちがスタンディングオベーションしていた。そんな中で「マヂ無理」と震えていた私。自分はそんな必死のパッチでがんばれないし、一瞬で過労死しそうだし、ここで働き続けるのは無理……と絶望したからだ。

それから20年が過ぎて**「特別な女性だけが活躍できるんじゃなく、普通の女性が普通に働ける社会になるべき」という声が高まっている。**子持ちも子ナシも手を取り合って、声を上げていけると嬉しい。

では「子どもがいるようには見えない」と言われた時には、どう返せばいいか？

相手は褒めてるつもりなのに「うるせえ!!」とバチギレるのもナンだし、かといって「ありがとう」と返すのもなあ……と迷った時は、**無垢な表情&ナウシカの声で「じゃあ子どもがいるように見えるのって、どんな女性なのかし**

ら？」と質問してはどうかしら？　ナウシカに擬態すれば悪意に受け取られることはない。それに「母親らしいとか母親らしくないとか、他人がジャッジするのってよくないかも」と相手が気づくキッカケになるかもしれない。

また、発言した側も「女を捨てちゃ駄目だゾ」「美容やおしゃれもがんばルンバ」的なプレッシャーに悩んでいるのかもしれない。なので「私は職業柄がんばってるけど、ぶっちゃけ風呂に入る余裕もないし1秒でも長く寝ていたい」と本音を話せば「わかる！」と膝パーカッションして盛り上がるんじゃないか。

かくいう私も、うっかりこの手の発言をしないように気をつけている。「子どもがいるようには見えない」とか「年齢よりも老けて見えるな」とか、心の中で思ってしまうことはあるだろう。思ったとしても言わない。それがルッキズムに加担しないための鍵なのだ。

スウェーデンでは「人の容姿について何か思ったとしても、口に出すのはマナー違反」が常識のため、けなすのはもちろん、褒めるのも基本NGなんだと

か。「その服素敵だね」「その髪型似合ってるね」とかは積極的に言うけど、顔や体型のことは言わないし、「美人だね」とか発言する人も見かけない、と久山氏は話していた。

日本では「美人は得だよな」とか平気で抜かすおじさんもいれば、見た目をイジってくるおじさんもいる。アラサーの女友達は「男性社員が女性社員の顔面偏差値ランキングをつけていて『お前は最下位クラスだから』とイジられた」と話していた。また「おっぱい大きいね」「俺全然イケるわ」とか本気で褒めてるつもりで言ってきて、セクハラの自覚がないおじさんもいる。

「そんなのスウェーデンだったら新聞沙汰になると思うよ」という久山氏の言葉に、もはやスウェーデンがマリネラみたいな架空の国に思えてきた。と書くと「だったら日本から出ていけブス」とクソリプが飛んでくる。

とはいえ昔の私がスウェーデンに行ったら、久山氏の娘さんにマジギレされただろう。女子校育ちの我は綺麗なお姉さんを見ると「美しすぎます……!」と震えて「美人ですねデュフ」とか言ってしまう人間だった。ちなみに中学時代は憧れの先輩と文通していた。昭和どころか平安時代か？　と若い人は驚くだろうが、当時はポケベルすらなかったのじゃよ。

そんな私も現在は「美人」じゃなく「ファビュラスですねデュフ」と言うようにしている。ただ「カワイイ」はパンダやルンバにも使うし、容姿だけに限らないのでＯＫにしてほしい。

一人一人がジェンダーやルッキズムに自覚的になること。呪いの言葉をばらまかないように気をつけること。そうすることで社会全体のアップデートが進んでいく。令和が少しでも良い時代になるように、暴れ太鼓の稽古に励みたいと思う。

良妻賢母を求める人

「優しい旦那さんだね」

「うちは夫が晩ごはんを作ると話すと『優しい旦那さんだね』と言われてモヤモヤします。また子どもを夫に預けて出かけると『旦那さん、偉いね』とやたら夫が褒められるのも納得いきません」

そんな報告がとある女子から寄せられた。**これらの発言にモヤるのは「家事育児は女の仕事」というジェンダーロール（性役割）の押しつけを感じるからだろう。**相手は「優しい夫でよかったね」的なニュアンスで言うのだろうが、「男女逆だったら言うか？」と考えてみてほしい。

昨今は夫婦共稼ぎがデフォルトで、「夫は料理担当、妻は掃除担当」など得意分野で分担するカップルが多い。それぞれに合った形を模索して、工夫して家事を回しているのに、余計な口出しをしてくる勢が存在する。

職場のおじさんに「ごはん作らなくても文句言わないなんて、いい旦那だね」と言われた女友達は「夫は永遠にいい夫扱いされて、私が永遠に悪役みたいなのはおかしい！」とキレていた。子持ちの女友達も「夫が育児するとイクメンと持ち上げられるのはおかしい！　自分の子を育てるのは当たり前なのに！」とキレていた。

「いちいち気にしなくても」と言ってくるおじさんもいるが、**気にせずにいられることが特権なのだ。**「何でも差別やセクハラと言われたら何も話せない」とボヤく人々は、黙っていればよろしい。

「子育ては女の仕事」という価値観は特に弊害が大きい。それが「母親は子どものために犠牲になるべき」という呪いにつながり、ワンオペ育児や産後鬱にもつながっている。かつ、男性が育休を取りづらい状況にもつながっている。男が育休を取るのは肩身が狭い、出世に響く、といった話もよく耳にする。

日本は世界一夫が家事育児をしない国だと言われているが、データを見ても日本の男性の家事育児時間は先進国の中で極端に短い。その結果、子育ての負担が妻に集中して、日本の子持ち女性の睡眠時間は世界一短いとも言われている。これは男性も子育てする権利を奪われている、ということだ。そのことに男性自身がもっと怒ってほしい。

広告会社時代、1歳の子どもがいる男性上司がいつも終電近くまで働いていた。妻はワンオペ育児で大変だろうなと思っていたが、その上司が「ずっと子どもの寝顔しか見てない……」と漏らすのを聞いて、気の毒に思った。そんな20年前に比べると「子育てする権利を奪われてたまるかよ！」と立ち上がる男性は増えたと思う。

30代の男友達は子どもが誕生して以降、残業せず定時に帰ると決めたそうだ。「おじさん上司にイヤミを言われるけど『娘をお風呂に入れなきゃいけないんで』って帰ってます。娘の父親は僕しかいないし、娘が小さい時は今しかないんで」と話していた。

「夫の家事育児時間が長いほど、第二子以降の出生割合が高くなる」というデータがあるが、彼のところも第二子がすぐに誕生して、ますます育児に励んでいる。なにより夫婦仲が良くて子どもたちはパパを大好きで、男性が育児することは男性自身を幸せにするんだな、と実感する。

彼のような男性が増えて、父親が育児することが普通になってほしい。**男性が家事育児をしても「優しい旦那さんだね」「イクメンだね」と褒められない社会が、男も女も大人も子どももそれ以外も、みんなが生きやすい社会だろう。**

「(家事をするなんて)優しい旦那さんだね」「(子育てをするなんて)旦那さん、偉いね」と言われた時に、どう返せばいいか？「そうですね」と返すのは「家事育児は女の仕事」というジェンダー観に同意しているようでモヤモヤする。「ありがとう」と返して「旦那さんに感謝しないと！」とか言われるのもウザい。そこで「ノロケか〜〜？」とか言われたら、カッとなって刺してしまうかもしれない（グレッチで）。

「アルさんのコラムに頻出するグレッチという武器を検索したけど、楽器しか出てこなかった」というツイートを見かけたが、楽器で合ってますよ（すみません）。

モヤる言葉に対しては、エジソン返しが効果的。

「なんで夫が家事をすると優しいの？　私が家事をしても言われないのに、なんでなんで？」と幼少期のエジソン顔で返そう。幼少期のエジソンはあらゆる事柄に疑問を抱いて質問するため「なぜなぜ坊や」と呼ばれていたそうだ。幼少期のエジソンがどんな顔かは知らないが、無邪気な表情で「なんで？」と質問すれば、相手も「なんでだろう？」と考えるキッカケになるかもしれない。

厄介なおじさんに対しては、ドン引き返しが効果的。

「家事をしてくれるなんて、優しい旦那だね」と言われたら「えっ、〇〇さんは家事しないいんですか？」とドン引き。「ごはん作らなくても文句言わないなんて、いい旦那だね」と言われたら「えっ、〇〇さんは奥さんに文句言うんですか？」とドン引き。

「それは……奥さん大変ですね……」と続ければ、相手はぴえんとなるだろう。

モヤる発言に対して笑顔で返す必要はないし、自虐は絶対にやめておこう。「私、料理ヘタなんですよ～」と自虐すると「奥さん失格だなあ」「料理教室に通ったら？」とか説教されて、グレッチがいくつあっても足りない。

ついクセで自虐すると「こいつはイジってもオッケー」「見下してもオッケー」とナメられる。厄介な人を引き寄せないために、自虐は封印してほしい。

厄介な人にからまれた時、一番簡単なテクは「よそ見」である。あさっての方向を見つめて「聞いてる？」と相手にムッとされたら「あの壁のシミ、人の顔に見えません？」とオカルト返しをキメよう。人の話を聞かない人と印象づければ、あらゆる厄介事から身を守れるのでおすすめだ。

私が個人的にモヤるのは、女友達と旅行や飲みに行った話をすると「(許してくれるなんて)優しい旦那さんだね」と言われることだ。拙者は自立した45歳の大人なのに、なぜ夫の許可が必要なのか。妻の行動には夫の許可が必要、という感覚がまず古すぎる。「許してくれる」なんてまるで罪を犯しているみたいだし、旧式の良妻賢母像を押しつけられるのはまっぴらだ。

また、旅行や外食に行った話をすると「旦那さんと？」と聞かれるのも若干モヤる。私は旅行や外食は女友達と行く派なのだが、そう説明すると「夫と仲が悪い」みたいな目で見られるのも邪魔くさい。

セットで行動する夫婦もいれば、別行動派の夫婦もいる。カップルの形は人それぞれなのだから、余計な口出しはやめるべきだ。

多様性社会とは余計な口出しをしない、人の生き方を邪魔しない社会である。一方、日本は「人数が多い方が正しい」「みんな同じであれ」という同調圧力が強すぎて、選択的夫婦別姓や同性婚も実現しない。

「人数が多い方が正しい」と思考停止している人は、基本的に話が通じない。「うちは選択的子ナシだ」と話すと「じゃあなんのために結婚したの？」と聞いてくるアホがいる。「夫の年収を知らない」とコラムに書いたら「家計管理は妻の仕事ですよ、奥さん失格ですね」とクソリプが来て「てめえの合格などいらねえ」と無視した。

前述のようなアホに遭遇するとグレッチを乱射したくなるが、自分の頭でものを考えられない人の声に耳を貸す必要はない。そんな人々の発言にメンタルを削られるなんて、損である。

「結婚とは、夫婦とはこうあるべき」と押しつけられて「結婚って面倒くさい」と感じる人もいるだろう。でもカップルの形に正解はなく、2人に合った形にカスタマイズすればいいのだ。そして「いちいちうるせえ」「好きにやらせろ」精神で、のびのび自由に生きてほしい。それを邪魔する奴らがいたら、拙者も一緒に成敗いたす（グレッチで）。

モテ教を引きずる人

「彼氏できた？ 彼氏の影響？」

「フェミニンな服装をすると『彼氏できた？』と聞かれる。その時の気分で着たい服を着ているだけなのに」

「バイクの免許を取ったと話すと『彼氏の影響？』と聞かれる。彼氏いないし、べつに欲しくないんだけど」

そんな話を若い女性たちから聞くと、令和になってもまだこんな発言する人がいるのか……と白目になる。私が20代の頃も、美容やダイエットに励むと「さては彼氏できたな～？」とか言うてくる人がいた。またメイクやファッションについて「それ男受けしないよ（笑）」といらぬツッコミをしてくる人もいた。

なぜ本人が好きだからやっている、と考えられないのか？ それは、女は「自分のため」じゃなく「男のため」に行動や選択をすると思い込んでいるからだ。その思い込みを押しつけられると「勝手に決めつけんじゃねえ」と白目になる。

彼氏のためや男にモテるために行動や選択をする女性もいるし、それは個人の自由であって悪いことじゃない。でも女がみんなそうだと決めつけるな、そっちの妄想や願望を押しつけるな、とグレッチを凶器にしたい。

アツギのタイツ事件、と書くとタイツを凶器にした殺人事件みたいだが（タイツメーカーのアツギが複数のイラストレーターが描いたタイツ姿の女性のイラストを使用して商品をPRした際に「性的な目線」を感じると批判を受けて炎上した）、あの時も「男にセクシーと思われたくないならタイツを穿くな！」と一部の男性がツイートしていた。

いや尻が寒いから穿いとんねん。冬場の下半身の冷えをナメるなよ。私なんてタイツに靴下を重ねてブーツを穿いてカイロも貼って、これ全部捨てたら悟空みたいに宙に浮けるんじゃね？ と思う。

バイクやSFや洋楽が好きな女性に対して「男の影響だろ」と決めつける勢も存在する。彼らは女性が趣味で料理教室に通うと「花嫁修業？」と聞いてきたりもする。20代の頃彼氏に勧められてジョージ秋山の漫画にハマったら「やっぱ男の影響かよ」と言われて「ぶっ殺すズラ」と銭ゲバの顔になった。私は女友達に勧められてハマった作品の方がずっと多いし、歴代の元彼たちにどれだけ勧められても司馬遼太郎にはハマらなかった。私の感性は私だけのものだ。女の感性は男に左右される、と決めつけるんじゃねえズラ。

人はストレスがたまると何かを発酵させたくなるらしく、20代の私は味噌を手作りしていた。その話を飲み会ですると「家庭的アピール？」と男に言われて「おまえも田楽にしてやろうか」と味噌をぶっかけそうになった。

「男のため」「男の影響」と思いたいのは、彼らが女に必要とされたいからだろう。だから「男なんて必要ないっす」と言われると逆上するのだ。

「男のいない街に住みたい」という女性のツイートに、男性陣から怒りのクソリプが殺到していた。「力仕事はどうするんだ！」と彼らはキレていたが、大仏を建立するわけじゃあるまいし、今は大仏だって機械で作れるし、そのうち3Dプリンタでポンと完成するだろう。女は男がいないと生きていけない。そう思いたいから、女が強くなるのも、権利を持つのも、連帯するのも許せない。そんなミソジニーな男性ほど、女性からの承認を求めている。

一方「男の承認とかいらないんで」という若い女性は増えたと思う。私が20代の頃は、恋愛至上主義やモテ教に洗脳されている人が多かった。2000年代にエビちゃんがブレイクして、女性誌には「モテ」「男受け」「愛され」といった文字が躍っていた。しかし現在『CanCam』は大幅に部数を減らし、『JJ』は事実上の休刊となっている。モテブームが終焉して、モテ服やモテ髪といった言葉もあまり見なくなった。

今の若い女性は自分のために自分の好きなファッションやライフスタイルを選んでいる。男に選ばれることが女の価値、という価値観から自由になっている。そんな時代に「彼氏できた？」「彼氏の影響？」と言う人は、モテ教を引きずる時代遅れな人である。そういう人は「世の中には多様なセクシャリティの人々が存在する」という想像力にも欠けていて、「世の中みんなが異性愛者で恋人を求めている」という前提で発言する。

レズビアンの女友達は「彼氏いるの?」と聞かれるたび「彼女ならいるけど……」と心の中で呟くそうだ。アセクシャルの女友達は「普通に彼氏いそうなのに」と言われるたび「普通って何? 私は異端なの?」と感じるという。

性的マイノリティの存在を無視するような発言は、もうやめようよ令和。と書くと「あれもこれもダメと言われたら何も言えなくなる」とボヤく人がいるが、だったら黙っていればよろしい。どうしてもしゃべりたいなら、ちっとは頭を使うとよろしい。

フェミニンな服装の女子には「彼氏できた?」じゃなく「そういう服も似合ってるね」と言えばよろしい。バイクの免許をとった女子には「彼氏の影響?」じゃなく「なんで免許とろうと思ったの?」と聞けばよろしい。

「何も言えなくなる」とボヤく人は何も考えずに思考停止していたくて、逆ギレしているだけなのだ。なので「え、なんでですか? 他にいくらでも話題や言い方はありますよね？」とマジレスしてあげるといいだろう。

とはいえ、立場が上の相手にズケズケ返すのは難しい。そんな場合も無駄に愛想よく返すのはやめよう。「彼氏できた？」に対して「だったらいいんですけどね～（笑）」と返すと「普段からもっと女の子らしくしたら？」とクソバイスされかねない。「彼氏の影響？」に対して「残念ながら彼氏いないんですよ～（笑）」と返すと「もっと女の子らしい趣味にしたら？」と言われて「ぶっ殺されてえのかてめえら」と山王のコブラさん顔になるだろう。そのままバイクで轢きたいところだが、残念ながらここはSWORD地区ではない。

SWORD地区の住人じゃない女子には、なぜなぜ坊やのエジソン返しがおすすめだ。

幼少期のエジソン顔で「なんでですか？ 私の服装／趣味と彼氏とどう関係があるんですか？」と質問しよう。そこで相手がゴチャゴチャ言ってきたら「ちょっと何言ってるかわからない」とサンドウィッチマン返しをしよう。または「ていうか私、彼氏ほしいって言いました？」と真顔で返すのもいいだろう。

「女性は彼氏のためにおしゃれしたいものでしょ」「彼氏の影響で趣味を始める女性は多いでしょ」とか言われたら「そういう人もいるでしょうね」とリピートするのもおすすめだ。「そういう人もいるでしょうねｂｏｔ」はいろんな場面で使えて便利。また「そういうこと言う人、多いですよね……」とため息まじりに返すのも効果的。

私も若い頃は無駄に愛想よく返してしまって、モヤモヤを引きずった。20代の女子が年上のおじさんに率直に意見することなどできなかった。しかし今は自分が中年のおばさんになり、おじさんが脅威じゃなくなった。かつフリーランスの野良作家なので、言いたいこと全部言う逆ポイズン状態になった。

45歳の拙者は「若い子は言えないんだから、俺が言わなくて誰が言う」精神で生きている。数年前に元同期と飲んだ時、男の同期が若い女性の店員さんに「メガネちゃん、ちょっと！」と呼びかけた。私は彼の顔を見つめて「相手が同世代の男だったらメガネちゃんって呼ぶ？　呼ばないよね？　相手が若い女の子だからってナメた態度をとるんじゃないよ」と注意した。

別の男の同期が若い男子に「おまえ彼女いるの？」と聞いた時は「それはセクハラだし、相手のセクシャリティもわからないのにそんな質問をするんじゃない」と注意した。すると彼が「そんなの考えてられないし」とムッとしたので「なんで？ 同じ社会に苦しんでいる人がいるのに？ 自分には関係ないと思うの？」とエジソン返しをした。

中年になって肉体の瞬発力は衰えたが、言葉の瞬発力は上がったため、生きるのが楽になった。といいつつ少し前、スーパーのレジに並んでいたらジジイが強引に割り込んできて、とっさに何も言えなかった。その時に近くにいた60代ぐらいのご婦人が「この子が先に並んでたんやないの!!」とカミナリみたいな声で注意してくれた。

「かっこいい……トゥンク」とうっかり惚れそうになったが、私もあんな迫力のあるおばちゃんになりたい。もっとドスの利いた声を出せるよう、発声練習に励みたいと思う。

ルッキズムに加担する人
「幸せ太り？」

結婚したばかりの人に「幸せ太り？」と聞く。これも相手に悪気はないのだろうが、「幸せ」とつければOKなのか？　という話である。それに「太った？」と言われたら「うるせえな」とグレッチを握りしめるが、「結婚おめでとう！幸せ太りですか〜？（笑）」と祝福ムードで言われたら、グレッチでめった打ちにするわけにもいかない。

先日、友人のシオリーヌちゃん（助産師で看護師の性教育ユーチューバー）と話す機会があった。彼女が結婚発表した時も、YouTubeのコメント欄に「幸せ太りですか？」というコメントが多数ついたらしい。彼女は摂食障害で苦しんだ過去を公開しているにもかかわらず。シオリーヌちゃんの著書『CHOICE 自分で選びとるための「性」の知識』には、次の文章がある。

「『あの子たちに伝えたかったことをまとめた本にしよう』と頭に思い浮かべた子たちがいます。私が昨年まで勤めていた精神科 児童思春期病棟で出会った女の子たちです。

思春期病棟という場所には、さまざまな背景を持つ子がやってきます。親と折り合いがつかず家庭での生活が難しくなった子や、いじめなどが原因で不登校になった子、自分の見た目がコンプレックスで摂食障害になった子や、強い生きづらさを自傷行為でしのぎながらなんとか生き続けている子」

その中でも、摂食障害で入院している女の子は本当に多かったそうだ。命が危ない状況なのに点滴を拒否する子や、点滴を引き抜いてしまう子もいて、ベッドに拘束されるケースもあったという。**そんな女の子の1人に「この点滴、何カロリーですか？」と聞かれた時に「この子たちはルッキズムに殺される」と思ったという。**

拙著『離婚しそうな私が結婚を続けている29の理由』に書いたが、私の母親は拒食症が原因で亡くなった。摂食障害になるのは圧倒的に女性が多いそうだが、「女の価値は美しさ」という呪いが強力だからだろう。

米国Netflixのドキュメンタリー『ミス・レプリゼンテーション　女性差別とメディアの責任』では、メディアがいかにルッキズムを強化しているかを描いている。**アメリカの17歳女子の78%が「自分の体に不満がある」と答え、65%が摂食障害を経験しているそうだ。**「自分の妹は見た目が原因でいじめられて、学校に行けなくなり、自傷行為をするようになった」と語る少女が「これはメディアの責任です、いつ誰が立ち上がってくれるの?」と訴えるシーンを見て、唇が紫色になるぐらい号泣した。

私も女子校から共学の大学に進んだ時、ルッキズムにぶん殴られた。男子からデブだブスだと見た目イジリをされて、過食嘔吐するようになった。

『ミス・レプリゼンテーション』には「仕事が欲しければ痩せろと言われたの

をキッカケに摂食障害になった」といった女優たちの証言が出てくる。痩せろというプレッシャーに苦しむのは、日本のタレントも同じだろう。

また「セクシーな女性キャスタートップ15」系の記事が量産されて、女性の仕事や発言の中身じゃなく、外見だけに注目される点も日本と共通している。

『ミス・レプリゼンテーション』には、大御所の男性タレントたちが女性のことをブスだデブだと品評する映像集が出てくる。「汚物は消毒だ〜!!」とまとめて燃やしたくなるが、こうしたドキュメンタリーが作られるだけマシだろう。

日本のテレビでは、いまだに見た目イジリが行われている。「容姿を笑いのネタにするな」と批判の声が上がると「今はすぐにネットで叩かれる」とボヤく人々がいるが、叩かれているのはどっちだ？　と聞きたい。

容姿差別にしても女性差別にしても「昔は（言葉で人を殴っても）怒られなかったのに」とボヤく人々がいるが、昔は殴られた側が我慢するしかなかったのだ。

声を上げても直接殴られないネットやSNSが普及したおかげで、差別される側が批判の声を上げられるようになった。「表現の自由ガー」と主張する人々もいるが、表現の自由とは批判されない権利ではない。

批判された側は「俺は悪くない！」と開き直るんじゃなく、なぜ批判されたのか考えるべきだろう。そして、差別についてちゃんと学ぶべきだろう。それをしないから同じような発言を繰り返すのだ。

そもそも政治家やタレントなど影響力のある人間こそ「容姿差別も女性差別も許さない」とハッキリ表明するべきじゃないか。こうした意見に耳をふさいで「叩かれたら何も言えなくナッチャウヨ」とかグズってるんじゃねえ、ブオオーッ!!　と法螺貝を吹きすぎて、肺が強くなった。

「見た目をジャッジする人」（34ページ）で書いたように、スウェーデンでは「人の見た目に言及しない」が子どもでも知っている常識で、けなすのはもちろん、褒めるのも基本NGなんだとか。以前の私は褒めるのはOKだと思って「美人ですねデュフ」と本人に言ったりしていた。そんな過去を反省して「人の見た目に言及しない」とJJ（熟女）べからず帖に刻んでいる。

褒め言葉が摂食障害のトリガーになることもあるそうだ。痩せた時に「キレイになったね」と褒められて「もっと痩せたらもっと褒めてもらえる」と極端なダイエットに走ってしまったりとか。「わかる！」と膝パーカッションする我もまた、痩せたいと願い続ける人生だった。

ちっちゃな頃からぽっちゃりで、15で肥満と呼ばれた我は、スリムな人が羨ましかった。けれども、スリムな人にはスリムな人の悩みがあったりもする。

スーパースリムな友人が「『すっごく細いね！　ちゃんと食べてる？』とか言われると地味に傷つく。私は胃が弱くて量を食べられないんだけど『もっと食べなきゃ』とか言われるのもつらい」と話していた。彼女はお尻の脂肪が少ないため、堅い椅子に座ると尾てい骨が痛むそうだ。尾てい骨の存在を意識したことがない私には、スリムな人の悩みを実感することはできないが、想像することはできる。

世の中にはさまざまな人がいて、それぞれに悩みや事情を抱えている。多様性社会とは、みんなが想像力をもって気づかいあう社会なのだ。それを窮屈になったとグズり続けるのか、アップデートしようと心がけるのか？　私は後者を選ぶから、友人たちと過去のやらかし反省会をしている。

同世代の女友達は「新人の頃から知ってる男の後輩に『おっさんになったね〜』と言っちゃったことがある。貫禄がついた的に褒めるニュアンスだったけど、あれはダメだよね」と反省していた。女性に言っちゃダメなことは、男性に言ってもダメなのだ。かくいう私も若い頃は男の同期に会うと「貫禄がついたな！」と腹をポンと叩いたりしていた。そんな振る舞いはお相撲さんにしてもダメである。

性別問わず、ルッキズムに傷つけられた人は多いだろう。またルッキズムに加担したことのある人も多いだろう。私もそんな一員として、容姿差別のない社会を目指したい。そのために「人の容姿について何か思ったとしても、口に出すのはマナー違反」が常識になればいいと思う。

「幸せ太り?」と言われた時に、私だったらどう返すだろう。**関係性にもよるが、理解してほしい相手には「体型のことを言われるのは正直傷つくんだよね」と返すと思う。そのうえで「見た目のことを言うのはやめた方がいいよ、その言葉に傷つく人もいるから」と注意できればいいなと思う。**

「無自覚なルッキズムについて、どう注意すればいいでしょう?」と相談されることがある。たとえば女芸人が「ブスでモテない」と自虐するネタを見て「こういうのは笑えない」と夫に言うと「○○ちゃんはかわいいから大丈夫だよ!」と笑顔で返されてしまうとか。その瞬間「違う、そうじゃない」が発動するが、グラサンをかけて熱唱しても「褒めてるのになんで?」と相手はキョトンとするだろう。私がかわいい、かわいくないとかの問題じゃなく、これはルッキズムという社会問題なのだ。という根っこを理解してもらうには、『ミス・レプリゼンテーション』を見てもらうのがいいんじゃないか。

もしくは、本書を勧めてもらえると嬉しい。私のコラムを読んだ友人（中学生の娘と小学生の息子を持つ母親）は、家庭内で誰かが見た目について言及した時に「スウェーデン、スウェーデン」と唱えるルールを導入したそうだ。そんな彼女の家の子どもに生まれたい人生だった。

母親から「そんなに太ってみっともない」と見た目をけなされて育った私は、自己肯定感が息してない状態だった。親から子にルッキズムの呪いが連鎖するケースも多い。

ブスやデブといった悪口は、自己肯定感を粉々に叩きつぶす。一方で「幸せ太り？」と同様、悪意のない言葉にモヤるケースも多い。大学時代に見た目イジリをされた経験を友人に話したら「でも今はキレイになったよね」「キレイになって見返してやればいいんだよ」と言われて「違う、そうじゃない」が発動した。

「キレイになって見返せばいい」と言う人がいるが、それはいじめられっ子に

「いじめられないよう努力しろ」と言うのと同じで、どう考えてもいじめる側に問題がある。変わるべきは人を見た目で差別する側、それを容認・助長する社会だろう。

「この点滴、何カロリーですか?」と聞く少女や「いつ誰が立ち上がってくれるの?」と訴える少女に向かって、私は言いたい。これはメディアの責任であり、私たち大人の責任だと。こんな社会を変えるために法螺貝を吹き続けるから、どうか見ていてくださいねと。

無意識に踏む人

「私は○○に偏見がないから」

「私は同性愛に偏見がないから、ゲイの男性と友達になりたい」

数年前、女友達のこの発言を聞いてモヤった。SATCのキャリーとスタンフォードみたいな関係に憧れる女性は多いだろうし、その気持ちはわからなくもない。「これってモヤる言葉？」と首をかしげる人もいるだろう。そこで私がなぜモヤったのかを解説したい。

まず「ゲイの男性と友達になりたい」という言葉を当事者が聞いたら「あなただから」ではなく「ゲイだから」と受け取るだろう。「自分のことを1人の人間として見ず、都合のいい役割&ステレオタイプなイメージを押しつけている」と感じるんじゃないか。

また「私は同性愛に偏見がないから」には、無意識の偏見や差別意識が潜んでいる。

ドイツに住んでいた女友達が話していた。「ドイツでは女性差別を感じることはほぼなくて、そういう意味では住みやすかった。でも、人種差別を感じることはよくあった」と。たとえば「私はアジア人に偏見がないから、あなたと友達になりたいわ」と善良なドイツ人たちから言われたそうだ。

発言した側に悪気はなく、自分は差別なんてしないと思っているのだろう。でも言われた側は「あなたは私とは違う、本来は差別されるマイノリティだけど、受け入れてあげますよ」というマジョリティの上から目線&傲慢さを感じる。**「自分は偏見がない」と自称する人の方がむしろ、無意識の偏見や差別意識に鈍感なんじゃないか。**

ちなみに「僕は女性差別なんてしません、むしろ女性の方が優秀ですごい、男はかないませんよ！」とやたら持ち上げる男性がいるが、これも目の前の相手を対等な1人の人間として見ていないのだ。

前出の友人がドイツに住んでいた頃、ドイツ人の夫とレストランに行った時と日本人の友達と行った時では、店員の態度が違ったという。その話を夫にすると「気にしすぎじゃない？」「きみはちょっと敏感すぎるよ」と言われたそうだ。そうやって気にせずにいられること、鈍感でいられることが特権なのだ。

そして、人は自分の持つ特権には気づきにくい。

かくいう私もかつては無知で鈍感で、過去を思い出すとグレッチで首をはねたくなる。

たとえば、20代の私は職場で後輩女子に「彼氏できた？」「どんな男子が好み？」とか平気で聞いていた。世の中には多様なセクシャリティの人々がいるという認識が足らず、みんなが異性愛者で恋愛を求めているという前提で、性的マイノリティの存在を無視するような発言をしていたのだ。

そんな過去を反省しているが、今だって気づかずに誰かを踏んでいるかもしれない。そうならないために次の文章を胸に刻みたいし、なんなら写経して寺に納めたい。

太田啓子さん著『これからの男の子たちへ』（大月書店）の対談の中で、小学校教師の星野俊樹さんが次のように話している。

「特権と抑圧を実感できるアクティビティとして、簡単にできておもしろいものを紹介しますね。まず、スクール形式で机が並んでいる教室で、黒板の前に大きな段ボール箱を置きます。生徒に一枚ずつ紙を配って、その紙に名前を書いて丸めたボールを、自分の席から投げて段ボール箱に入れてもらう。そうすると、前の席の生徒は簡単に入れることができますが、後ろの席の生徒は容易に入れられない。そのうち、こんなゲームは無意味だといって投げるのをやめる生徒も出てくる。

最後に、座席から黒板までの距離が何を意味すると思うか、と生徒に投げかけます。前方に座っている生徒は、シスジェンダーでヘテロセクシャル（異性愛者）の男性や、経済的に恵まれた家庭環境などの特権をもった人で、後ろに行くほどそうではない境遇の人ということになる。そう説明すると、多くの生徒が直感的に理解してくれるそうです。アメリカなどではこういう実践が「社会的公正教育（Socal Justice Education）」として研究され、学校でもおこなわれているんですね」

これを読んで「ワイも段ボール箱を持ち歩こかな」と思った。自分のもつ特権を自覚するために、日本の学校でもぜひ導入してほしい。

「このゲームのような不公平な構造を変えていくには、特権を持つ側で気づいた人が行動する必要がある。教室の前方に座っている人は、前だけ見ていれば自分が優遇されていることに気づかない。でも、後ろを振り返って、自分が特権的な立場にいることを自覚した人は、もしも行動せずに特権に留まろうとするなら、この構造の再生産に加担したことになる」

この言葉にも全力で膝パーカッションだ。**一番前の席で後ろを振り返ったことのない人には、弱い立場の人やマイノリティの存在が見えない。だから「本人の努力が足りない」「自己責任だ」と主張して、社会の構造を変えようとしな**

い。

たとえば、東大生の親の半数以上が年収950万円以上だ。親の経済格差が教育格差につながって、努力したくてもできない環境にいる人、進学という選択肢すらない人もいる。塾や習い事をする余裕などなく、家計を支えるためにバイトする子どもたちもいる。日本は7人に1人の子どもが貧困状態にあり、先進国で最低レベルだ。こうした現実を見ずに自己責任とか言う奴は、グレッチで穴掘って埋めたろかと思う。

また**日本のように同質性の高い社会だと、マジョリティは自分がマジョリティだと思わずに暮らしているため、下駄を履いていることに気づきにくい。**

友人の久山葉子さん著『スウェーデンの保育園に待機児童はいない』によると、スウェーデンでは保育園から子どもたちに「性別、民族、宗教、セクシャリティ、障がい等にかかわらず、人間には全員同じ価値がある」と教えるそうだ。スウェーデンは様々なバックグラウンドをもつ人々が暮らす社会なので、幼い頃から人権教育を徹底して、目の前にいる相手を偏見のフィルターをかけずに見つめる訓練をするという。

「(娘の通う保育園では) 男性同士のカップルと赤ちゃんの写真を見せて、先生が子どもたちに『これを見てどう思う?』と尋ね、意見を出し合っていた。子どもたちの無邪気な回答に、同性同士のカップルに対する偏見は一切感じられない」

ワイもスウェーデンに生まれたい人生だった。しかし寒がりなので、北欧の冬を乗り越えられるか不安だ。私が白夜に行き倒れていたら、フェルゼンや美童グランマニエみたいな貴公子が助けてくれるだろうか。

1976年、温暖な近畿地方に生まれた我は、まともな人権教育やジェンダー教育を受ける機会がなかった。おまけにテレビやメディアから、偏見や差別を刷り込まれて育った。とんねるずの番組で保毛尾田保毛男が流行った時、中学生の私は〝おもしろオカマキャラ〟のモノマネをして同級生と笑っていたが、それは私が無知な子どもだったからだ。

当時は「この教室の中にもセクシャリティに悩む人がいるかもしれない」と想像できるだけの知識がなかった。それで無意識に差別する側になっていたことを反省している。

人は過去の間違いを反省して、学ぶことができる。「あなたたちの中で罪を犯したことのない者がこの女に石を投げなさい」とイエスに言われたら、私は「すみませんでした!!」と石板の上に土下座する。

世の中に一度も間違ったことがない人なんていないだろう。間違ったことがない人しかジェンダーやフェミニズムを語ってはいけないとなると、誰も語れなくなる。**自分の間違いを認めて、反省すること。人の意見に耳を傾け、真摯に学ぶ姿勢が大切なのだ。**

一方、差別発言が炎上しても「俺は間違ってない！」と開き直り「こんなに叩かれていじめだ！」と被害者ぶる人がいる。なぜ批判の声が上がったのかを考えないから、同じような発言を繰り返すのだ。また「差別する意図はなかった」と言い訳しつつ「誤解を招く発言をフンガフンガ」と謝罪する人もいるが、謝罪よりも勉強してくれと言いたい。差別についてちゃんと学ばないから、同じような（略）。

私もかすみ目の中年だが、こつこつ本を読んだりして勉強している。かすみ目に効く目薬があったら教えてください。

「LGBTは生産性がない」「（同性愛が広がれば）足立区が滅びる」みたいなドストレートな差別発言をされたら、こちらも真正面から怒れる。バチボコに詰める、グレッチで放水して水責めにする、きみが泣くまで殴るのをやめない等、さまざまな対処のしようがある。

むしろ仲のいい友人に微妙な発言をされる方が、モヤモヤしてしんどい。だけどモヤれるのは、自分がアップデートしている証拠なのだ。差別に敏感でいる方が、無意識に誰かを傷つけずにすむ。

「私はゲイに偏見がないから」と発言した彼女は大切な友人だったので、ちゃんと説明することにした。

「私も保毛尾田保毛男で笑ってたから、人のこと言えないんだけど。でもこの前の発言は気になったんだよね」

「『私はアジア人に偏見がないから友達になりたい』と言われたら、どう思う？もし私が言われたら、無意識の差別意識やマジョリティの傲慢さを感じると思う」

といった具合に説明すると、彼女は「たしかに……」と深くうなずいて「私は同性愛の人に会ったことがないから、当事者の気持ちや苦しみがわからないのかも」と続けた。

そこで「実際は会ってるかもしれないよ」と返すと「ああ、そうだね。カミングアウトしてない人も多いもんね。私はそういう想像力もなかったから気をつけるわ、ありがとう」と言ってくれた。

この場合は彼女に真摯に聞く姿勢があったから、対話が成立したのだ。ろくに聞く耳を持たずクソリプを返すような人間だったら、そもそも友達になっていない。「丁寧に説明して俺を納得させてみろ」と上から言ってくる奴には「興味があるならググれカス」と返そう。

以前「生理の貧困」の記事が話題になった。アンケートによると、経済的な理由で生理用品を買うのに苦労した学生が20％もいて、生理用品を買えなかったことがある学生も6％いたそうだ。

それに対して「ナプキンは買えないのにスマホは買えるのか」とクソリプがわいていたが、そうやって弱いものを叩いて優越感を得ようとする連中は、マイティ・ソーのようにグレッチで雷を落としてやりたい。

一方で、困難な状況にいる人をサポートするため尽力する人々もいる。

「何もかもはできないけど、何かはできる」。これは私の好きな言葉だが、私も自分にできることをしたい。自分のもつ特権を意識して、社会を少しでもマシにしたい。そのために、イマジナリー段ボール箱を持ち歩きたいと思う。

2章

迷惑すぎるクソバイス
アドバイス型「モヤる言葉」

「子どもを産めば、仕事の幅が広がるんじゃない?」

子育て教の人

「子どもを産めば、仕事の幅が広がるんじゃない?」。これは「子どもを産んでない女は仕事の幅が狭い」と言っているのと同じで、全方位的に失礼だし、罪深い発言だと思う。しかし相手に悪気はなく、善意のアドバイスとして言っている場合が多い。

私も「子どもを産めば文章の幅が広がるんじゃない?」と何度か言われて「ド素人のクソバイスだな」と思った。子育てブログなんか猫も杓子も書いているし、むしろ現実は選択的子ナシの立場から書く方がニーズはある。

漫画家や役者の女友達も「表現の幅を広げるために子どもを産め」とクソバイスされるそうだ。**恋愛・結婚・出産・セックスなど「○○しなきゃ優れた作**

品は作れない」とドヤる人には「それ宮沢賢治に言うか？」と聞きたい。漫画家であれば「それ萩尾望都先生や大島弓子先生にも言いますか？」など同じ業界の偉人の名前を出すといいだろう。

産婦人科医の女友達は「自分は子どもを産んだことないくせに」と陰口を言われるそうだ。がんの手術をする医者に向かって「自分はがんになったことないくせに」とは言わないだろう。何万件もの出産を手がけてきた医学知識を持つプロに向かって、こんな発言をするのはなぜか？　それは「女は出産して一人前」「子ナシより子持ちの方が上」という価値観があるからだろう。

子持ちの友人たちは「そうやってマウントする人間がいるのは、同じ子持ちとして迷惑だ」と嘆く。つまりこれは属性じゃなく、人間性の問題なのだ。その手の発言をする側が、己のアップデートできなさ加減を自覚するべきだろう。

恋愛や結婚や出産は個人の自由であり、他人が口出しすることじゃない。人にはさまざまな事情や生き方やセクシャリティがあり、それを他人に話したくない人も多い。にもかかわらず、いまだに「女は子どもを産むべき」「子を産み育てるのが女の幸せ」と押しつけてくる勢が存在する。

「子どもを産めば仕事の幅が広がるんじゃない？」以外にも、「なんで子どもを産まないの？」「産まないと後悔するよ」「子育ての喜びをあなたにも知ってほしい」など、私もさんざん言われてきた。そうやって子育て教を布教する人々には「子どもを産みたいという欲求がないんで」と返してきた。

『離婚しそうな私が結婚を続けている29の理由』に書いたが、選択的子ナシの私は40歳の時、子宮筋腫の根治のために子宮全摘手術を受けた。なので「病気で子宮を取ったんですよ……（小声＆伏し目）」と明菜返しをお見舞いできる。そうすれば「安易に子どもの話題に触れるべきじゃない」「それはデリカシーに欠ける発言だ」と相手に反省させることもできるだろう。もしくは「あ、取った子宮の画像見ます？」とグロ画像返しでビビらせることも可能。けれども私がそれをせず、**「我、選択的子ナシ也」**と表明するのは**「子どもを産まない選択を批判する方がおかしい」という意見だからだ。**

選択的子ナシだと表明すると「産みたくても産めない人もいるのに」と批判してくる人がいる。「産みたくても産めない人もいるのに、産まないなんておかしい」と批判する人は「女は子どもを産むのが自然、産まないのは不自然」と考えており、その価値観こそが産みたくても産めない人を苦しめている。

私は子どもを授からなかった読者の方から「子どもがいなくても幸せそうなアルさん夫婦の姿が励みになった」と感想をいただく。産まない選択をした者の存在は救いにもなりうると実感しているからこそ、己のスタンスを明確にしたいと思う。

というわけで「子どもを産みたいという欲求がない」と返してきた。これぐらいシンプルに返す方が「ないものはしかたない」と相手は納得するもの。そこで「子育てが大変そうだから」「自分には向いてなさそうだから」「母親になる自信がないから」と返すと「大丈夫！　産んだら何とかなるよ」「産む前はみんな不安なものよ」と励まされてしまう。なので「不安があるからじゃなく、欲求がないから産まない」と伝える方がわかりやすい。

「猫を飼うのは大変だし責任も重いけど、飼ったら何とかなるよ」と言われて「そもそも飼いたくないんで」と返すのと同じだ。そもそも飼いたくない人に「飼ったら絶対かわいいよ」「飼わないと後悔するよ」と押しつけるのはおかしいし、それこそ無責任な話だろう。

「私も子ども欲しくなかったけど、産んで本当によかった。あなたも産めばわかる」と布教してくる人もいるが、それはその人個人の感想であり、他人に当てはまるとは限らない。うちは夫婦共に子どもを望んでいなかったので、子どものいない人生を選んだ。それは我々2人の選択であって、他人に勧める気も押しつける気もない。

多様性社会とは他人の生き方を邪魔しない、余計な口出しをしない社会だ。多様性社会の実現を目指す私は、子どもを産まなかったことに対する罪悪感もゼロである。罪悪感を持たせる社会の方がおかしい、という意見だから。

一方「人数が多い方が正しい」「みんな同じになれ」と同調圧力をかけてくる

勢も存在する。そんな勢力に、子育て教を布教された時の対抗策を考えてみた。

「子どもを産めば仕事の幅が広がるんじゃない？」と言われた時は、前述のように**「それ○○さんにも言いますか？」と偉人返しがおすすめだ。**その発言は○○さんも否定することになるんやぞ、と暗にアピールもできる。**「それって私の仕事の幅が狭いってことですか？　どのへんが狭いと感じます？」と質問返しも効果的。**

質問返しは、いろんな場面で使えて便利。たとえば、選択的子ナシの私は「きみみたいな女性がいるから少子化が進む」と面と向かって言われたこともある。そんな時は「じゃああなたは国のために子どもを作ったんですか？」と返すか、「だったらご自身が10人ぐらい作ったらどうですか？」と返す。そこで「いやそれは無理だし」と言われたら「ですよね、人それぞれ事情がありますよね、私にもあるんですよ」とラオウ顔をキメる。

もしくは「地球全体では人口爆発によって環境破壊が進み、数百年後に人類は滅亡すると言われてますが、それについてはどうお考えで？」と質問する。

すると相手は何も考えてないので、黙るしかない。

ついでに「残された資源をめぐって争いが繰り返される、暴力が支配する世界に現れた暗殺拳……!!」と秘孔を突いてもいいだろう。そこで「人口爆発って？　環境破壊って？」と質問されたら「興味があるならググってください」とピシャリと返そう。「丁寧に説明して俺を納得させてみろ」と上から聞いてくる奴に、時間を割いてやる必要はない。

一方、強火の返しをしづらい場面もある。「友達や親せきの子はかわいいけど、赤ちゃんを見ると欲しくなるでしょ、次はあなたの番ね、予行演習で抱っこさせてもらったら？　とか言われるのはウザい」「でもウザいとは言えなくて、曖昧な笑顔で誤魔化すしかない」といった声が女性陣から寄せられる。

そこで曖昧な笑顔を返すと「産むなら早い方がいいわよ、婚活とかしてるの？」「妊活本貸そうか？」と余計ウザい流れになりがちだ。

そんな時は「推しが子どもみたいなものなんで！」と強火で推しの話をする

か、「これうちの猫が生まれた時の写真なんですよ！」と猫の話をして乗り切ろう。「出産といえば、オメガバースって知ってます？」とＢＬの話をするもよし。そうして**「この人は出産に1ミリも興味がないんだな」と印象づけるのがおすすめだ。**

女は子どもを産むべきという呪いに苦しむ女子は多いし、子育ては女の仕事、母親は子どものために犠牲になるべき、という呪いにもつながっている。

また、私は子宮をとって健康になり幸福度が爆上がりしたが、子宮をとると女じゃなくなる的な呪いから手術を拒み続けて、症状が悪化する患者さんもいるそうだ。その根っこにも「妊娠出産こそが女の価値」という呪いが存在する。

そんな女子を苦しめる呪いを滅ぼしたいし、産みたい人が好きなだけ産めて、産まない人が責められない社会を実現したい。そう願う私は「我、選択的子ナシ也」と表明しつつ、ベビーカーのママさんに出会ったら率先してサポートしたいと思う。

ケアを求める人

「夫の浮気を許すのがいい女」

「夫の浮気を許すのがいい女」男性に都合のいい言葉オブ・ザ・ワールドである。

歌舞伎役者や自民党の元議員の浮気が発覚した時「離婚はしません」「夫婦で反省して再出発します」と頭を下げる妻を「妻の鑑」「神対応」とメディアが評価していた。その絵面に「家父長制のニオイがプンプンするぜッー!!」とスピードワゴン顔になった。

もし浮気したのが妻側だったら「妻の浮気を許すのがいい男」とは言われず、むしろ「男のくせに情けない」と言われるんじゃないか。「浮気は男の甲斐性」「女遊びは芸のこやし」なども、男性にだけ使われる言葉である。

男の浮気は許されるけど、女の浮気は許されない。ジェンダーギャップ指数

120位のヘルジャパンは明治から変わらず、男に都合のいい国家なのだ。

明治時代の姦通罪は、不倫した妻（とその相手の男性）だけが罰せられて、夫の不倫は罪にならなかった。戦後に日本国憲法の第14条で男女平等が定められ、姦通罪は同条に違反するとして廃止された。法律が変わって家制度が廃止されても、この国は男女不平等のままである。選択的夫婦別姓に反対する政治家たちの本音も「女は文句言わず夫の姓を名乗れ」だろう。彼らは時計の針を明治に戻したいのだ。

「女は子ども産んで家事育児してろ。タダ働きさせて経済力を奪えば文句も言えないし、浮気されても殴られても夫に従うしかないし、やっぱ家父長制ってサイコー！」という本音がポロッと漏れてしまい「誤解を招く表現をフンガフンガフン」と言い訳するのだ。そんな自民党のおじいさんみたいな奴に「夫の女遊びぐらい大目に見てやりなさいよ！　ガッハッハ」とか言われたら、殴り殺してしまうかもしれない。でも殴り殺すとポリス沙汰になるので「いえ金玉を砕きます」と片手でクルミを握りつぶして、ぞっとさせようと思う。

私個人は「不倫は夫婦間の問題であり、他人が口出しすることじゃない」という意見だ。ワイドショーのコメンテーターが「子どもが可哀想」と話すのを聞くと「だったらテレビで取り上げるなよ」と思う。

有名人の不倫が発覚した場合、最近は男女共に叩かれる。しかし妻に浮気された夫側が「妻のケアができていなかったのでは」などと批判されることはないが、その逆はよく見かける。その手の批判を聞くと「夫の浮気を妻のせいにするな!!」と口から蛇が出そうになる。

妻の妊娠中や出産後に浮気する夫の話も、耳が腐るほど聞いてきた。「妻がかまってくれなくなった」「子どもができて妻が変わってしまった」と妻に責任をなすりつける夫を見ると、口からウミウシを産みそうになる。そいつらみんな、来世は性別のないウミウシに転生するがよい。

『男が痴漢になる理由』(イースト・プレス)の著者、斉藤章佳さんとの対談でこのような話をした。

斉藤：「男の性欲に甘い社会」、その縮図とも言える現場に立ち会ったことが何度もあります。痴漢加害者の裁判で、被告人の妻が情状証人として法廷に立っていて、ある検察官が妻に、事件当初の夫婦の性生活について尋ねる場面があったんです。

事件とはあまり関係のないこととして、裁判官も弁護人も質問を止めると思ったんです。でも実際には誰も止めることなく、妻は「夫婦生活はありませんでした」と答えざるを得なかった。

アル：「男には制御できない性欲があるんだから、女はそれを満足させなければいけない」という思考ですよね。

斉藤：この質問には「夫の性欲を妻が受け入れなかったことが原因で、夫は痴漢に及んだのではないか」というバイアスがかかっているんです。

おそらく質問した検察官も無自覚だったと思います。だけどそんな仮説はまったくの無根拠ですし、セックスレスが影響して性犯罪が起こるなら、今の日本はそこらじゅうで性犯罪が起こっていますよ。

性犯罪の裁判でも「男の性欲は女がケアするべき」的な質問が飛び出す。ちんちんよしよし社会すぎて吐き気がするぜ。ひと昔前の女性たちは、夫とのセックスを「おつとめ」と呼んでいた。女は結婚すると家政婦・保育士・看護師・介護士・娼婦の五役を務めなくてはならず、そんなの北島マヤでも「無理っす」と言うだろう。

知人女性は出産後に夫の浮気が発覚して、しかも夫から性感染症をうつされた。夫の棒を乱切りにして、玉をみじん切りにしてオッケーだ。と私は思ったが、彼女が実の母親にその話をしたら「あんたが旦那に尽くさないから」と責められたそうだ。かつ「男の人は浮気する生き物なんだから、しかたないのよ」と諭されたという。娘を何重にも傷つける母親の言葉は、どう考えてもひどい。けれども専業主婦だった母親はそう考えないと生きられなかったのかも……と思うと、母親をバチボコに責める気にもなれない。

私が小学生の時に『3年目の浮気』という曲がヒットした。若い人は周りの中年にリクエストしたら、パヤパヤ歌ってくれるだろう。その曲の「もてない男が好きなら俺も考えなおすぜ〜♪」という歌詞に「なに言ってんだコイツ」と子ども心にモヤった私。一方浮気された妻が「モテない夫よりはいいでしょ」と言う場合もあって、盛大にモヤる。

「なんでモテる夫の方がいいの？　他人にモテようがモテまいが関係なくない？　他者評価が必要なの？　他人から魅力的と思われる夫、羨ましがられる夫がいいわけ？　浮気して自分を傷つけるような夫でも？　なんでなんで？」となぜなぜ坊や返しをしたいが、それだと傷口に塩を塗ることになってしまう。

彼女らは「男にとって都合のいい女＝いい女」と刷り込まれているのかもしれない。自分が傷ついていると認めたくなくて、平気なフリをしているのかもしれない。でもそんな〝余裕のある妻仕草〟を評価するのは、もうやめようじゃないか。そんなの「女遊びぐらい大目に見てやりなさいよ！　ガッハッハ」おじさんを喜ばせるだけじゃないか。

ガッハッハおじさんが上司だったりすると、死ぬほど厄介である。立場的に殴り殺すわけにもいかないし、いつもクルミが手元にあるとは限らない。

「ちょｗｗ　パターナリズムｗｗ　ウケるｗｗ」と返したら「なんか知らんけどウケた」と相手は喜ぶかもしれないが、「パターナリズムって何？　ティックトックみたいに流行ってるの？」としつこく聞かれても厄介だ。ちなみに私もTikTokのことはよくわからない。

ガッハッハおじさんをこらしめたい場合は「なんでですか？」「どういう意味ですか？」と質問返しをしてはどうか。それで「男の下半身はコントロール不能だからね、ゲッヘッヘ」などのセクハラ発言が飛び出せば、コンプライアンス室に報告するのもアリだ。

厄介な人に笑顔で同意すると、余計にからんでくる。なので**真顔で「〇〇さんはそういう考えなんですねｂｏｔ」返しがおすすめだ。**これは「男は浮気する生き物だから」「モテない夫よりはいいでしょ」といった言葉にも使える。

「父の浮気で母も私も傷ついたので……」（小声&伏し目）と明菜返しをキメ

て、**浮気ネタはタブーだと印象づけるのも手**である。

現実に、親の浮気で傷つく子どもは多い。「両親の修羅場に巻き込まれて、家が安心できる場所じゃなかった」「母から父の浮気の愚痴を聞かされ続けて、カウンセラー役をさせられた」「浮気症の父親のせいで男性不信になってしまった」「結婚にネガティブなイメージしか持てなくなった」……といった声をよく耳にする。

中学生の読者から「親の浮気を知ってしまった。バレたら家族が壊れると思うと誰にも言えなくて、1人で秘密を抱えているのが苦しい」という切実なメールをもらったこともある。家庭内では一番弱い存在にしわ寄せがいくことを、大人は忘れてはいけない。

親の浮気に傷つく子どものことを思ったら「女遊びぐらい大目に見てやりなさいよ」なんて言えるか？　と聞きたいが、まあ彼らは平気で言うんだろうな。なのでガッハッハおじさんに遭遇したら「家父長制、バルス!!」と唱えて、尻でメガネを踏みつぶしたい。ハヅキルーペでも、俺が本気出せばいける気がする。

「私だったら笑顔でかわすけど」

女王蜂になる人

職場の後輩からセクハラや性差別について相談された時「私だったら笑顔でかわすけど」「そんな大げさに騒ぐこと?」と返す女性がいる。その手の女性は「相手も悪気はなかったのよ」と加害男性を擁護したりもする。すると相談した側は「同性なのに味方になってくれない」と絶望して「助けを求めても無駄だ」とますます孤立化してしまう。

なぜ彼女らは、被害女性の口を塞ぐような発言をするのか? なぜ弱い立場の女性に寄り添わず、強者男性に味方するのか? それはそっちの方が得だから、男社会で利益を得られるから、という理由がある。

たとえば、男性上司が男尊女卑的な発言をした時に「ですよねー」と同意すれば、「話がわかる奴だな」と認められて、仲間に入れてもらえる。そこで「それアウトですよ」と上司に注意すれば、排除や報復をされるおそれがある。

男尊女卑に迎合するか、抵抗するか？　その選択を迫られた時に「そりゃ迎合して都合のいい女になった方が得でしょ」と開き直る女性には「自分さえ良けりゃいいのか？」と聞きたいし、弱い者を踏みつけて成功するような生き方を私は選びたくない。だったら一生窓際でネットサーフィンしている方がマシである。

とはいえ、男社会で生き残るためにそうせざるを得なかった女性は、被害者でもあると思う。

「クインビー（女王蜂）症候群」という言葉がある。男社会で成功した女性が、他の女性に厳しくあたることを表す言葉だ。女王蜂は「私は男社会で苦労してきたんだから、あなたたちも苦労しなさいよ」という思いから、後輩がセクハラや性差別を訴えても「私が若い時はもっと大変だった」「最近の若い子は我慢が足りない」と批判する。そうやって被害者が声をあげられない空気を作り上げ、差別を温存する側、差別に加担する側になってしまう。彼女らは男社会で地位を獲得したから、そのシステムを変えたくないのだ。それを否定することは、自分の成功も否定することになるから。

そんな女王蜂は罪深いが、本人も傷を抱えているんじゃないか。自分を踏みつけた男たちに対する怒りを後輩女子にぶつけているんじゃないか。部活で先輩にしごかれた人が自分も後輩をしごくように。

一方、後輩に同じ苦労をさせたくないとの思いから、セクハラや性差別をなくそう、悪しきシステムを変えようとする女性もいる。私の周りには「女王蜂になってたまるかよ！」と戦う仲間がいっぱいいる。女子が困った時は、そんな味方になってくれる先輩を見つけてほしい。

「私はセクハラや性差別なんて受けたことないけど」とおっしゃる女王蜂もいて「だから何なんだ？」と顎をつかみたくなる。自分がセクハラや性差別を受けたことがないからといって、それに苦しむ女性がいる事実は変わらない。その発言には**「(私のような賢い女と違って)セクハラや性差別を受ける女に問題がある」と被害者を責める心理が潜んでいる。**

そんな彼女らが進学して就職して選挙に行けるのも、過去に女性差別と戦ってくれた女性たちがいたからだ。「誹謗中傷されて妨害されても、女性の権利を求めて戦った女性運動家の歴史を、あなたまさかご存知ないの？　それはたいそうお利口だこと、オッホホ！」とポリニャック夫人みたいに言いたいが、私は「文句があるならベルサイユへいらっしゃい」とイヤミを言うより「屋上へ行こうぜ……久しぶりに……キレちまったよ……」と決闘を挑むタイプである。

だが上司や先輩と屋上で殴り合うのは難しい。「拳だけじゃ解決できねえ」と山王のコブラさんも言っている。立場が上の相手に女王蜂的な発言をされた場合は、どう対処すればいいか？

「私だったら笑顔でかわすけど」と言われても「笑顔でかわせない私がダメな

の？」と自分を責めないでほしい。「この人は女王蜂なんだな、長い物に巻かれるタイプなんだ」と理解したうえで「わかりました、じゃあ人事部長に相談します」など、**相手より立場が上の人間の名前を出そう。**長い物に巻かれるタイプは「やっべ、私が後輩の被害を無視したことがバレる」と焦って、態度を変える可能性が高い。

または「でも笑顔でかわしていたら被害者は増える一方だし、セクハラや性差別は永遠になくなりませんよね？　○○さんはそれでいい、という意見なんですか？」と質問してみよう。相手が「そういうわけじゃないけど……」と返したら「じゃあ○○さんもセクハラや性差別をなくすべき、という意見なんですね」と言質をとろう。そのうえで「だったら協力してもらえませんか？」と聞いてみよう。相手が「わかった」と答えたとしても、積極的な協力は望めないかもしれない。だが「少なくとも邪魔はするな」と牽制する効果はある。

このやりとりで言質をとったうえで、もっと協力してくれそうな人を探してみよう。コンプライアンス室やセクハラ相談窓口、他部署の上司や先輩など、一緒に戦ってくれる味方を作ってほしい。

プライベートで女王蜂に遭遇した場合は、距離を置くことができる。でも職場だとイヤでも関わらなきゃいけないからつらい、という声が女性陣から寄せられる。

数年前、男性アイドルグループの元メンバーが女子校生に強制わいせつを行った事件があった。その事件について、職場で女性の先輩に「家に行った女の子が悪いよね」「たかがキスぐらいで大げさじゃない？」と同意を求められてつらかった、と20代女子が話していた。できることなら、次のように真っ向から反論したい。

「その発言は被害者を傷つける二次加害ですよ。二次加害が怖くて泣き寝入りするしかなく、支援につながれない被害者も多いんです」

「『なぜ合意をとらなかった』と加害者を責めるべきでは？　なぜ被害者を責めるんですか？」

「男性の部下が上司の家に行って殴られても『家に行った方が悪い』と責めますか？」

「女性が『いいですね、飲みましょう』と家に行ったとしても、同意したのは『家で飲むこと』だけです。『家に行った＝性的行為をする同意があった』という認識は間違いです」

けれども、上下関係があると反論することすら難しい。その彼女は「アイドルといえば、うちの推しが最高で」と無理やり話題を変えたそうだ。推しの話しかしないキャラで通すのも、自衛策の1つである。だがそれだと相手は変わらないまま、同じような発言を繰り返すだろう。

「公の場で性暴力の話をするのやめませんか？　トラウマを刺激されて傷つく人もいると思います」と返せば、相手が気づくキッカケになるかもしれない。しかしそれも勇気が必要だし、その場で面と向かって言い返せない人は多いだろう。**私が彼女だったら、後からメールで「私は性暴力にトラウマがあって、ああいう話を聞くとつらいんです」と伝えると思う。それで相手が反省して、**

今後の言動に気をつけることを願って。

10年ほど前、わりと仲の良かった女子から「DVされる女性にも問題があると思いませんか?」と言われて、とっさに何も返せなかった。そのまま彼女とは疎遠になってしまったが、何も言えなかった自分が悔しくて、いまだにモヤモヤが残っている。

今の私だったら「そんなふうに被害者を責める人がいるから、被害者は声を上げられなくなるんだよ」「目の前にいる私もDV被害者かもしれない。だから不用意にそういう発言はしない方がいいよ」と真摯に説明すると思う。

あれから時代が進んで、フェミニズムに目覚める女性が増えた。彼女も「昔の私の考えは間違っていたな」と気づいたかもしれない。10年ぶりに再会したら、今度こそ本当の仲良しになれるかもな、と思っている。

昨今あちこちで炎上の狼煙が上がっているが、燃えるべきものが燃えるようになったのは、時代が進んだ証拠である。

性的同意をテーマにした番組の中で、26歳の女性アナウンサーが「女性がリテラシーを高く持てばいいだけの話で、家に行かなければいいだけの話。その人とそういう関係になりたくないのであれば、2人で飲みに行かなければいい」と発言して、ネットで批判の声が上がった。私はその言葉の裏に「賢い女は自衛する」「(自衛できないような)バカな女は被害に遭ってもしかたない」というニュアンスを感じて、性被害者を貶める発言に怒りを覚えた。

同時に「おじさん受けする言動が染みついてしまったのかな」と痛々しさも感じた。そのアナウンサーはサバサバ系キャラとして人気だそうだが、それ系の女性は「こいつは中身おっさんだから」と褒め言葉のように言われがちだ。

男社会で生き残るには「姫」になってチヤホヤされるか、「おっさん」になって同化するかの二択を迫られる。そうやって出世した女性たちは、後輩からセクハラ相談されても「そんな大げさに騒ぐこと?」「おじさんなんて手のひらで転がせばいいのよ」と返して、困っている女子をさらに追いつめる。「人間よ、もう止せ、こんな事は」と、我は高村光太郎顔で言いたい。男社会で女が分断されるのは、もう終わりにしようぢゃないか。

「セクハラされても笑顔でかわすのが賢い女、大げさに騒ぐ女はバカだ」、そんな価値観によって得をするのは、セクハラをしたいおじさんたちだ。「女の敵は女」と女を分断させて、利益を得るのはおじさんたちなのだ。彼らは女たちが連帯して、性差別や性暴力に声をあげるのが怖いのだ。

既得権益を守るために、男尊女卑なシステムを変えたくない。だから女同士を戦わせて、真の敵から目を逸らさせたい。そんなおじさんの手のひらで踊らされるなんて、真っ平じゃないか。

女王蜂は「私はぼろぼろな駝鳥《だちょう》じゃない」「私は傷ついてなんかいないし、そんな弱い女と一緒にしないで」と言いたいのかもしれない。でも傷ついたら傷ついたと言える社会、助けを求められる社会の方が生きやすいじゃないか。理不尽に傷つけられても我慢しなきゃいけない社会なんて、間違っている。そんな社会を次世代に残したくない、そう思うのであれば、みんなで過去の傷つきをシェアしよう。そして「あらゆる差別やハラスメント、人の尊厳を傷つける行為を許さない」と女たちが連帯すれば、もっと生きやすい社会になるはずだ。

女王蜂がフェミニズムに目覚めた時は「シスターフッドの世界へようこそ！」と喜んで歓迎したいと思う。

マウンティングする人
「女子力磨けば結婚できるよ」

世の中には、マウンティングされやすい人とされにくい人がいると思う。

私はマウンティングされにくい派だが、がっしり骨太で「本物のドラミング、聞かせてやろうか?」とゴリラ感を漂わせているからだろう。おまけに顔や服装も圧が強い。実際の戦闘力はスカウターで測るとカメさん並みだが、見た目が強そうな印象なのだ。

マウンティング好きは自分より弱い者を叩きたいため、弱そうに見えるタイプを狙う。そのため小柄な女子やおとなしそうな女子が標的になりやすいんじゃないか。

今からセノビックを飲んでも骨格は変わらないが、印象を変えることは可能だ。背筋を伸ばして大股で歩く、声を張ってハキハキ話すなど、姿勢や振る舞いを変えるのは効果的。また、強見えするナメられないファッションやメイクのネット記事もあるので、参考にしてほしい。

ちなみに、痴漢もおとなしそうな女性を狙うことで知られている。女性陣から「サングラスをかけて通勤するようにしたら痴漢に遭わなくなった」との報告も寄せられた。これは手軽なテクなので試してほしいし、鉄道会社はキオスクでトゲつきのサングラスを販売してほしい。

トゲ肩パッドやメリケンサックなどの小物使いで「世紀末感」を演出すれば、マウンティング好きは寄ってこない。ラオウのように額に血管を浮き上がらせたり、初対面で「こんにちは、狗《く》法眼《ほうがん》ガルフです」と挨拶して、犬の話しかしないのもおすすめだ（※狗《く》法眼《ほうがん》ガルフ／『北斗の拳』に登場する犬好きの暴君。愛犬のブルドッグの名前は「セキ」）。

「攻撃は最大の防御」というが、私はやられたら兆倍返しするタイプなのでマウンティングされにくい。一方、**怒るのが苦手なタイプは標的になりやすい。**ラオウのように闘気をまとうのがベストだが、一朝一夕でまとえるものじゃないし、堪忍袋の緒は人によって長さが違う。

なので何度も言うように、**反射的に笑顔を出すクセをやめよう。そのうえで血管を浮き上がらせる練習をしてほしい。**どうしても笑顔が出てしまう人は、微笑みながらクルミを握りつぶすといいだろう。

また、積極的にホラを吹くのもおすすめだ。「昔、失礼なこと言われて棒で殴っちゃったんですよ～」と話して「おとなしそうだけど、やる時はやる」アピールをしよう。棒の部分は角材・バール・グレッチなど好みでアレンジしてほしい。

やたらと自虐しないことも重要だ。自分を低く見せると「こいつは見下してオッケー」とナメられて、マウンティングやイジリの標的になりやすい。

マウンティングされやすい派には「嫌われたくなくてみんなにいい顔をして

しまう、八方美人なんですよ」と悩む女子もいるが、それは人を差別しない、みんなに公平で親切という長所なのだ。そんな素晴らしい長所を変える必要などない。ただこの世には人の長所につけこみ、利用&搾取してくる妖怪がいる。そんな魑魅魍魎ホイホイにならないために、「相手に嫌われること」よりも「自分が相手を好きか、嫌いか？」を意識しよう。

この人のこと好きだな、一緒にいて居心地がいいなと思う人と仲良くして、そうじゃない人とは距離を置く、これが快適な人間関係を築くコツである。**生きづらさを解消したい時、もっとも有効なのは「付き合う人を変えること」。腐れ縁を断ち切れば、新たな縁が生まれる。**斬鉄剣でつまらぬものをバッサバッサと斬ってほしい。

とはいえ仕事関係やママ友付き合いなど、切りたくても切れない縁もある。女性陣にヒアリングすると「会社の先輩から『あなたも女子力磨けば結婚できるよ』とクソバイスされた」「ママ友から『夫が一流企業に勤めてる』『夫にベンツを買ってもらった』と自慢される」といった声が寄せられた。そこで「うるせえな」「だからどうした」と返せればいいが、そうもいかない場面は多い。そんな時はハート様のように相手の技を無効化するのがおすすめだ（※ハート様／『北斗の拳』に登場するぽっちゃりキャラ。どんな攻撃も吸収する脂肪の塊のような肉体で「拳法殺し」の異名を持つ）。

攻撃されてもダメージを受けずにケロリンパとしていれば、「こいつはマウンティングしがいがない」と相手の方が離れていく。

また**ネズミ返し・スピ返し・右翼返しは、あらゆる場面で応用できる。**ネズミ返しは「女子力磨けば～」に対して「お肌は磨いてますよ！　今こんな石けんを使ってて」とア●ウェイを紹介する。スピ返しは「結婚したいんですけど……神様はどこに導こうとしているのでしょうか……とにかく神に祈りますー……」と神を連呼する。右翼返しは「この曲を聞いて婚活がんばりまーす♪」とアイフォンから軍歌を流して縦揺れする。

いずれも相手は「あまり近づかないでおこう」と距離を置いてくるはずだ。

それだと悪い噂が立つ、子どもがいじめられると懸念する方は、**ナイツ返し**はどうだろう。

「夫が〇〇商事に勤めてる」→「私は村上ショージを目指してる」、「息子が〇〇中に合格した」→「私はギョウ虫検査に引っかかった」とトークを展開すれば「いい加減にしろ」「どうもありがとうございましたー」と名コンビの誕生だ。

要するに、全然別の話をふろうという提案である。この人は話を聞いてくれると印象づけると、厄介な人を引き寄せやすい。まともに会話のキャッチボールをしようとせず、あさっての方向にボールを投げる練習をしよう。「ベンツを買ってもらった」と言われたら「ベンツってドイツ車だよね、メルケル首相についてどう思う?」と返してもいいし、「ドイツ軍人はうろたえないッ!」とシュトロハイムの真似をして「ジョジョ読んでる? 何部推し?」と返してもいい(ちなみに拙者は四部推し)。「ドイツといえばシェパードだよね」と、犬の話しかしない狗法眼ガルフ返しもおすすめだワン。

私はマウンティングするのもされるのも嫌いだが、それはイジメや差別を憎んでいるからだ。

人に上下や優劣をつけて、自分より下の者や弱い者を攻撃する。それで己の劣等感を埋めようとする。そんな卑劣な人間とは関わりたくないし、俺のグレッチが火を吹くぜ。

そんな寸法でやっとりますので、同じくマウンティングに興味のない人々と平和に暮らしている。

だが過去を振り返ると、あれはマウンティングだったなと思う事案がいくつかある。

大学時代にテストやバイトの成績が良かった時、周りの男子から「お前なんか大したことない」「その程度で調子に乗るな」的な発言をよくされた。彼らの中には「女は男より下であるべき」というミソジニーがあったのだろう。女子校には「できないフリして男を立てる」的な文化がなかったので、ラピュタは本当にあったんだ……！　と衝撃を受けた。

「女の敵は女」「女はドロドロして陰湿」と語る人がいるが、それこそがミソジニーだ。男女共にマウンティング好きはいて、それは性別じゃなく性格の問題である。ただ男女でマウンティングの傾向が異なる印象はある。

男は学歴・仕事・金のジャンルで優位に立ちたがり、女は結婚・子育て・容姿のジャンルで優位に立ちたがる。これも根っこにジェンダーロールがあるのだろう。

いずれにせよ、**我は「マウンティングはしない、されない、関わらない」の三原則でいきたい。**かつ「その気はないのに、相手にマウンティングと受け取られる」という誤解も避けたい。

たとえば、不妊治療中の女子から「子持ちの人に『子どもはまだ？』『産むなら早い方がいいよ』とか言われると、相手に悪気はなくてもマウンティングだと感じてしまう」といった悩みをよく聞く。

人にはさまざまな事情があるし、その事情を話したくない人も多い。なのでやはり発言する側が気をつかって、相手がどう感じるか想像することが大事だろう。

マウンティングと受け取ってしまう自分がイヤ、そんな自分は性格悪いと落ち込む、といった悩みも聞くが、それは人として自然な感情だろう。「他人と比べてもしかたない」とよく言うが「比べるのはしかたない、人間だもの」と私は思う。

私も恋愛地獄行脚をしていた頃、セレブの記事を見ながら「ビクトリアはいいな、ベッカムがいて」とさめざめ泣いて「誰と比べとんねん」と友人一同につっこまれた。親友の結婚式に出席した時も、おめでたい気持ちと妬ましい気持ちが半々だった。

そうやって**ネガティブな感情を抱くだけなら、誰にも迷惑はかけていない。心の中は不可侵領域で、何を思おうが自由なのだ。**

マウンティングと受け取ってしまうのは、性格が悪いからじゃなく、今がつらい状況だから。状況が変われば気持ちも変わる。「どんな時でも人の幸せを喜ばなきゃ」なんてブッダみは出さなくていいし、無理する方が余計こじらせてしまう。「今は、これでいいのだ」とブッダじゃなくバカボンのパパになろう。そして、そのつらい気持ちを今後に活かそう。たとえば選択的子ナシの私には不妊治療のつらさはわからないが、欲しいものが手に入らないつらさならよくわかる。

立場や属性が違っても、同じ経験をしていなくても、想像力があれば人はわかりあえる。

「人それぞれ喜びも苦しみもある」と皆が胸に刻めば、七つの傷を持つ男がいなくても、世界に平和が訪れる。というわけで私もハート様のように「マウンティング殺しのアルテイシア」の異名を持ちたいと思う。

二次加害する人
「もう許してあげたら?」

毒親、モラハラ夫、性差別やセクハラ・パワハラの加害者……など。人間誰しも、許せない相手の1人や2人や100人はいるだろう。私も「デスノート降ってこねえかな〜」とつねに空を見上げている。

あいつのことが許せない。そう思うのは、そいつにひどいことをされて傷ついたからだ。それに対して「もう許してあげたら?」と言う人を見るとモヤる、というか怒髪天を衝く。

許す許さないは本人が決めることだ。また、許そうと思って許せるものでもない。「もう許してあげたら?」と言う人は「許す方が正しい」「許そうと思ったら許せるもの」と考えているのだろう。

だが、許せないことに一番苦しんでいるのは本人なのだ。許せたらどんなに楽だろう、忘れられたらどんなにいいだろう……そう切実に願いつつ、許したくても許せないからつらい。

そんな被害者に向かって「もう許してあげたら?」と言うのは、二次加害だと思う。

目の前で親を殺された人に向かって「(犯人のことを)もう許してあげたら?」とは言わないだろう。「(大したことじゃないんだから)もう許してあげたら?」と被害を軽視するのは、被害者をさらに傷つける二次加害だ。

言われた側は「許せない自分はダメなんだ」と自分を責めて、さらに苦しむ。つらい気持ちを1人で抱え込み、孤立化してしまう。すると心の回復からますます遠ざかる。

「もう許してあげたら?」「相手も事情があったのよ」「相手も苦しんでると思うよ」「そんな大げさに騒がなくても」「気にしすぎじゃない?」「私だったら気にしないけど」「あなたも悪かったのでは?」「そんなに責めたら相手が可哀想」

「なんでそんなに怒るの？」「怒っても解決しないよ」「怒りを抱えたままだと不幸になるよ」……など。

これらはすべて被害者を追いつめる言葉だ。かつ、被害者の声を封じる言葉でもある。

いじめの被害者に「（加害者を）許してあげたら？」「相手も苦しんでると思うよ」「そんなに責めたら相手が可哀想」等と言うと、被害者は声を上げられなくなる。

この手の発言をする人は「自分は中立の立場だ」と主張するが、クラスでいじめがあった時に「自分は中立の立場だ」と何もしないのは、消極的にいじめに加担していることになる。周りが声を上げなければ、加害者はいじめし放題なのだから。「見て見ぬふりをしてくれてありがとう、おかげでいじめを続けられるよ」と加害者は喜ぶだろう。

被害者のために声を上げられなくても、せめて余計なことは言うな、禰豆子や獅子丸みたいにチクワでもくわえとけと思う。チーズやキュウリを穴に詰めると美味しいワン。

車にはねられて骨折したのに「こんなの大したことない」と無理に歩こうとすると、傷は治らないどころか悪化してしまう。心の傷も同様である。

心の回復に必要なのは、怒り、憎しみ、苦しみ、悲しみ、絶望……といった感情を吐き出すこと。それを他人にも理解してもらうこと。

「ひどい目に遭ったんだから、そんなふうに感じるのは当然だよ」と認めてもらうことで「自分の感じ方は正常なんだ」と安心して、トラウマが徐々に癒やされていく。

一方、トラウマの知識のない人は「許す方があなたのためよ」「つらい過去は忘れて前に進もう」とアドバイスしたりする。

すると言われた本人は「許せない自分、前に進めない自分はダメなんだ」とさらに自信を失い不安になる。ありのままの感じ方を否定されると「どうせ話してもわかってくれない」と1人で抱え込んでしまう。

1人で抱え込まないこと、支えてくれる味方を見つけることが、トラウマの回復には必要なのだ。なので、信頼できるカウンセラーや友人に相談してほしい。友人に相談する際は「私の言葉を否定せず、アドバイスもせず、ただ話を聞いて受け止めてほしい」と伝えるのがおすすめだ。

そうやって安心できる場所で気持ちを吐き出すこと。その積み重ねによって、心が回復していく。

拙者も毒親由来のトラウマを抱えていたが、自分でも飽きてゲップが出るぐらい、毒親について書いたり話したりするうちに「どうでもええわ」という気分になってきた。そして気づくと「傷は癒えた!!」と言えるラオウ状態になっていた。

どうでもいいと思えるぐらい、相手の存在が小さくなる。すると、許すとか許さないとか考えなくなる。それが自分にとって真の「許し」なのだと思う。

許そうと思って許すのではなく、真の許しは向こうからやってくるのだ。

ちなみに、トラウマからの回復については、精神科医の水島広子さん著『対人関係療法でなおすトラウマ・PTSD』（創元社）、『正しく知る不安障害　不安を理解し怖れを手放す』（技術評論社）がおすすめ。

「自分を傷つけた相手を許せないのは当然だし、許さなくていい。心は不可侵領域で、相手をどんな方法で殺そうが自由なのだ」

私はいつもコラムにそう書いていて、それを読んだ方から「許さなくていい、という言葉に救われた」と感想をいただく。それだけ多くの人が「許すのが正しい」という圧に苦しんでいるのだろう。

毒親育ちの場合は「もう許してあげたら?」「血のつながった親子なんだから」「育ててもらった恩があるでしょ」「子どもを愛さない親はいない」といった圧に苦しめられる。こうした発言をする人々は「家族の絆」教や、毒親ポルノ（毒親を許して和解する系のお涙頂戴コンテンツ）に洗脳されているのだろう。

どんなにひどい親でも、子どもは「親を愛せない自分はひどい人間じゃないか」と罪悪感に苦しむ。そのうえ、当事者の苦しみを知らない人々からの無神経な言葉に傷つく。

その手の人々に「うち毒親なんですよ」と言っても「親だって完璧じゃないんだから」「あなたも子どもを産めば親の苦労がわかる」と説教をかまされがちだ。そんな時は「それ児童虐待の被害者に言います？」と返すと、さすがに黙る人が多い。が、そこまで言っても「親もつらかったのよ、許してあげて」とか言うてくる奴もいる。

拙者の場合は「父親に5千万の借金を背負わされたんですよね」と言うと、相手がドン引きしてくれるので便利。『離婚しそうな私が結婚を続けている29の理由』に書いたが、23歳の時、私は父親に脅されて保証人の書類に署名捺印させられた。

45歳の私だったら「毒毒モンスターがあらわれた！　逃げろ〜!!」と実印を膣にしまって逃げる。23歳の私が署名捺印してしまったのは「親子は助け合うべき」「親を見捨てるなんてひどい」という家族の絆教に洗脳されていたからだ。ゆえに「家族の絆教、バルス！」と念仏のように唱えている。

また当時の私は自分の家庭環境がみじめで恥ずかしくて、毒親の話を誰にもできなかった。あの時誰かに相談できていれば、実印を膣にしまって（略）。20代の私は会社の先輩から「正月ぐらい実家に帰ってあげなさいよ」「親も寂しがってるでしょ」と言われても「うちの親、ひどいんですよね〜」と笑顔でかわしていた。すると先輩の1人から「被害者ぶるな！」と言われた。その瞬間チクワで殴打すればよかったが、手元にチクワがなかった。チクワは殺傷能力が低いので、グレッチかゴボウで殴ればよかった。

または「屋上へ行こうぜ……久しぶりに……キレちまったよ……」と怒ればよかったが、その時はショックで何も言い返せなかった。「スパールター!!」と屋上から蹴り落とすのは無理でも、そいつに少しでもダメージを与えたかった。

ダメージを与える方法としては、エシディシ返しもアリだ。「あァァァんまりだァァァァAHYYY AHYYY AHY WHOOOOOOHHHHHHH!!!」とギャン泣きすれば、そいつをひどい発言で後輩を泣かせた悪者にできるし、相手が謝ってくるかもしれない。その時は「すみません、心が叫びたがってたんで」とクールに返そう。

その先輩はデスノートで殺したいリスト筆頭だが、なんと名前を忘れている。あの日見た花の名前どころか、許せない奴の氏名も思い出せないとは、中年の忘却力に恐れ入る。

この忘却力のおかげで、JJはとても生きやすい。たとえばクソリプを見た瞬間はムカつくが、1分後には忘れている。

また私は毎月こつこつ借金返済していて、銀行で振り込むたびに「クソ親父め、あの世で会ったらチクワでしばいたる」と思うが、1分後には忘れている。過去の怒りや苦しみもすっかり薄れてしまって、普段は思い出すこともない。

怒りや苦しみを抱えている人も「傷は癒えた!!」とラオウになれる日が必ず来

る。今は死にたいぐらいつらくても「生きててよかった」と思える日が来る。

私なんて今は１００歳まで長生きしたい。

だから、それまでどうか踏んばってほしい。そして元気になったら、一緒にチクワと法螺貝をもって出陣しよう。

コラム

うっかりやりがちな「善意ハラスメント」

ハラスメントは基本、立場が上の者から下の者に行われる。大御所の男性タレントが「セクハラは必要悪だ」と加害者目線で語っていたが「昔は気軽にお尻を触られてよかったわ〜」と回顧する女性は見たことがない。女子アナが「触るなジジイ」とみのもんたの指をへし折れるかというと、無理だろう。

権力を持つ立場にいるのはおじさんが圧倒的に多いため、女性陣から聞くのは「おじさんからハラスメントを受けた」というエピソードが大半だ。

男性優位のヘルジャパンでは、女性は被害者になることが多い。そのため「自分も加害者になるかもしれない」という意識に欠ける場合もある。以下は私自身も過去にやらかしてきた反省と自戒を込めて書きたい。

45歳の我は「求められない限り、アドバイスはしない」とJJ（熟女）べからず帖に刻んでいる。関西のおばちゃんの世話焼き魂を自覚しているからだ。

女性の場合は、善意からの言動がハラスメントにつながるケースが多い。たとえば、不妊治療や高齢出産で苦労した経験から「子ども産むなら早い方がいいよ」系の発言をしてしまうとか。

人にはいろんな事情があって、それを人に話したくない場合もある。不妊治療で体調が悪い時に「いつか子どもを産むなら体を大事にしなきゃ」と言われた、流産して会社を休んだ時に「おめでた？」と聞かれた、といったエピソードも寄せられた。

妊娠や出産は特にデリケートな話題であり、安易に口を出すべきじゃない。体調が悪そうな人には「大丈夫？　何か力になれることがあったら言ってね」と気づかうのがベストだろう。

相手が善意の人だと、言われた側はリアクションに困るもの。「子どもの作り方教えてやろうか？　ゲヘヘ」的なやつには「今すぐコンプライアンス室に出陣じゃい！」と甲冑を着るが、善意の人とは戦いたいわけじゃない。かといって「子ども産むなら早い方がいいよ」と言われて「卵子は老化しますもんね」と笑顔で返すと、今後もいらぬアドバイスをされたり、いらぬ妊活本を貸されたりする。

善意ハラスメントに対しては、びっくり返し、明菜返し、bot返しがおすすめだ。

びっくり返しは「えっ、こういう発言しちゃう人だったの？」とびっくりした表情で「あ、ああ〜そうですか〜」と戸惑った反応をしよう。びっくりされると相手もびっくりして「自分の発言はマズかったかな」と考えるキッカケになる。

明菜返しは、小声＆伏し目で「いろいろあって……」と返そう。すると相手は「この人に出産の話題はタブーだ」と思うし、うまくいけば「人にはいろんな事情があるんだから、安易に立ち入るべきじゃない」と気づかせられる。

bot返しは「○○さんはそういう考えなんですね」と繰り返して、相手に話す気をなくさせよう。うまくいけば「自分と相手は違う人間なんだから、考え方も違って当然」と気づかせられる。

善意ハラスメントとして、お見合いおばさん的なエピソードも寄せられた。フリーの独身男女がいると「2人、付き合っちゃえば?」とけしかけたり「誰か紹介しようか?」と斡旋してきたり「この子、彼氏いないんだけどどう?」と推薦されたり。

これも先方は良かれと思ってやっているので、余計なお世話ofお世話とは言いづらい。しかもこの手の女性は、普段は面倒見のいい優しい先輩だったりする。

こうした場面でも、びっくり返しや明菜返しが応用できる。または「私、彼氏欲しいって言いましたっけ?」と真顔で返すのもアリだ。そこで「彼氏欲しくないの?」と聞かれたら「恋愛に興味が薄いんですよ」とか「今は他にやりたいことがあるんで」と返して「だから余計なお世話ofお世話やぞ」とアピールしよう。

それでも「ずっとひとりは寂しいでしょ、彼氏作ったら？」とかぶせてくるのは、さすがにお節介が過ぎる。

そんな相手には「彼氏いますよ、別の次元に」とまっすぐな目で返そう。俺の考えた最強の夢小説を朗読して聞かせるもよし。そこで「なんでそんなに好きなの？」と聞かれたら「オウフｗｗｗ　いわゆるストレートな質問キタコレですねｗｗｗ」と目に光を宿そう。

ゲイの知人男性は、男性の上司から「あとは嫁さんもらうだけだな」と圧をかけられ、女性の先輩から「彼女いないの？　イケメンなのにもったいない」「モテそうなのになんで？　誰か紹介しようか」とお節介を焼かれるそうだ。

世の中みんなが異性愛者で恋愛や結婚を求めている、という決めつけからハラスメントは生まれる。現実には多様なセクシャリティの人々がいるし、ひとりでも生きていける完全生命体タイプもいる。「みんなちがって当たり前田のクラッカー」を標語にしよう。
「女性の同僚がマッチョバーに行ったらしく、ムキムキの乳を揉めるのよ‼とオフィスの真ん中で叫んでいた」という話を聞いて「それはやっちまうな、私も」と自戒した。

おじさんのふり見て我がふりなおせ。男がやったらアウトなことは、女がやってもアウトなのだ。でもついうっかり「女だから、女同士だからオッケー」と気がゆるむ時がある。そんな時は「今仕事中だから、その話は後で」と相手に注意して、正気に戻してあげよう。

腐女子の友人は「ドSな年下攻めの結腸開発によるヤンチャ受け快楽堕ちシチュがどちゃシコ‼とか、私もつい言っちゃいます」と反省していた。それをクローズドな女子会で言うのはオッケーだが、オフィスの真ん中で「どちゃシコ‼」と開陳するのはアウトだ。下ネタが悪いわけじゃなく、TPOをわきまえよう、公道をフリチンで歩くなという話である、と過去の自分に説教したい（砂浜に首だけ出して縦に埋めながら）。

20代の私は呼吸するように下ネタを吐いていた。下ネタ言ってナンボみたいな会社で、盛り上げ役として期待に応えなければと思っていたが、結果的にセクハラを容認・助長させてしまったと思う。

当時の私はセクハラの被害者でもあり、加害者でもあった。そんな過去を反省しているからこそ、アップデートを怠ってはいけないし、声をあげていかなきゃと思うのだ。

美容やおしゃれのジャンルでも、善意ハラスメントが発生しやすい。こんなメイクしたら？　こんなファッションしたら？　ちゃんとお肌のお手入れしてる？　など、良かれと思ってクソバイスをしてしまったりとか。

「子どもの頃から美容やおしゃれに興味がなくて、美しくなりたい願望もなかった。それで好きなことに熱中していると『女子失格』『女に生まれたのにもったいない』とか言われて肩身が狭かった」と女友達が話していた。

寝ぐせのついた少年が将棋に熱中していても「失格」だの「もったいない」

だの言われないだろう。美しくなりたいと願うことは自由だが、女は美しくあるべきと他人に押しつけると呪いになる。

「私はアトピー体質なのに、美容をサボってるみたいに言われるのがつらい」

この化粧水使ったら？　とかグイグイ勧めてくる人もいるんだよね」と女友達が嘆いていた。そんな時は「私、アレルギー持ちなんですよ」と伝えて、ハックショーイ!!　と盛大にくしゃみをしてはどうか。昨今はウィルス的な意味でも逃げていくだろう。

人魚の肉でも食ったのか？　という不老系の美魔女を見ると、スゲーなと素直に感心する。彼女らは基本自分のために努力していて、他人に押しつける勢は少ない。とはいえ「努力しないと老けるわよ」とか言うてくる人もいるらしい。

そんな人には「老けてもいいです。私、美容より俳句が趣味なんで」と返して「死に支度　いたせいたせと　桜かな」と一茶の句を読もう。「散る桜　残る桜も　散る桜」と良寛の句を読んでもいい。

俳句返しも雅だが、中二返しも粋である。「ボツリヌス菌とか打つんですか？

私、毒の研究が趣味なんです……ククク」と目に狂気を宿せば、相手はビビって逃げていくだろう。

「そんなことより、我が推しの美しさを見てくれ！　美しさは罪！　美しすギルティ！」とマシンガントークでハチの巣にするのもアリだ。マシンガントークが苦手な場合は、ノーリアクション侍になろう。何を言われても「………」と三点リーダーを貫いて「しずかなること林のごとし」と信玄顔をキメよう。

美容やアンチエイジングに興味がないことをアピールするために、信玄顔で虚空を見つめるのもおすすめだ。ついでに鼻くそをほじって、その鼻くそをしげしげ見つめれば、昨今はウィルス的な意味でも逃げていくだろう。

鏡の前で「美しさは罪」と薔薇をくわえている人は無害だし、見ているぶんには楽しい。叶恭子先輩なんかは、見ていてすごく楽しい。先輩は美貌をキープするために自宅で全裸で過ごすそうだが、風邪をひかないか心配だ。グッドルッキングガイが看病してくれるんだろうか。

このように本人が趣味でやるのは自由だが、「あなたも全裸でお過ごしなさい」と押しつけるとクソバイスになる。

相手の役に立ちたいという善意は尊いものだし、困った時はお互いさま精神で助け合いたい。その善意がハラスメントにならないためには、そこに決めつけや押しつけがないか自問すること、相手の気持ちや意思を尊重することが大事だろう。そのうえで、求められたら全力でアドバイスする、そういうものにわたしはなりたい。

3章

セクハラ・パワハラの
セパ両リーグ開幕！

女性を標的にする「ヤバイ人」

「きみは才能があるから○○してあげるよ」

立場を利用する人

「同業のおじさんから『きみは才能があるから仕事を紹介してあげるよ』と言われて、いざ会いに行くとお酒の相手をさせられたり、しつこく口説かれたり、ホテルに誘われたりした。彼らの本心を見抜けなかった自分にも腹が立って、いまだに怒りや悔しさが消えない」

そんな話を何度も聞いたことがある。私も広告会社時代、同業のおじさんに仕事の話がしたいと呼び出されて、ホテルに誘われたりした。「スティッキィ・フィンガーズ!!」と叫んで相手をバラバラにしたかったが、仕事の上下関係があるのでできなかった。

取引先のおじさんに無理やりキスされた時も、泣き寝入りするしかなかった。

私が被害を訴えると会社に迷惑がかかると思ったからだ。そんな20年前の自分を抱きしめてやりたい。そして「今からそいつをこれからそいつをグレッチで殴りにいこうか」と一緒にヤーヤーヤーしたい。

仕事上の立場を利用して性的搾取を目論む、卑劣な輩は存在する。

ハリウッドの映画プロデューサー、ハーベイ・ワインスタインのセクハラ告発記事は #MeToo ムーブメントの発端となり、世界的に大きな注目を浴びた。80人以上の女性がセクハラを告発して、ワインスタインは性的暴行などの罪に問われ、有罪評決を受けた。強大な権力をもつ彼から被害を受けた女優たちは、仕事を干されるのが怖くて「イヤだと拒否できなかった」「被害を訴えられなかった」と語っている。

この手の事件には「枕営業する女もいるだろ」系のクソリプが湧くが、枕営業する女性が存在したからといって、仕事をエサに性加害される女性がいる事実は変わらない。

「枕営業」「ハニトラ」「飲みに行った女が悪い」「女にも責任がある」などと発

言するのは、被害者を傷つける二次加害だ。二次加害が怖くて泣き寝入りするしかなく、支援につながれない被害者も多い。

また性被害を告発すると、加害者側から攻撃されたり、世間からひどい二次加害にさらされたりする。伊藤詩織さんのように日本に住めなくなる人もいる。

被害者を何重にも苦しめる二次加害を許せない。一匹残らず駆逐してやる……というわけでその手の発言に出くわしたら、瞳孔を開いて次のように返す。

「交通事故に遭った人に『でも当たり屋もいるよね』って言います？」

「強盗に遭った人に『そんな時間に歩いてるからだ』『そんな高そうな服を着てるからだ』って言います？」

「それって被害者を傷つける二次加害ですよ。私も性暴力の被害者だから、そういう発言を聞くと傷つきます」

ただでさえ、被害者は自分を責めてしまうもの。「きみは才能があるから」という言葉を信じてしまった自分、相手の本心を見抜けなかった自分、仕事をエサに釣られた自分が悪い……というふうに。

言うまでもなく、加害者が100%悪いのだ。たとえば立場が上の相手に「お礼にメシ奢るよ」と言われて「今ハンスト中で」「Amazonギフトカードくださ い」と断るのは無理だろう。イヤでもイヤと言えない力関係を利用して、断りづらい状況を作り上げる、それが加害者の手口である。

女友達は出張先のホテルで男性上司から「部屋で飲みながら仕事の話をしよう」と言われて断れなかったという。「相手を疑うなんて悪いし自意識過剰だ」と思って部屋に行ったら上司に無理やりキスされて、彼女はショックで会社に行けなくなってしまった。

この場合も「部屋に行った女が悪い」と責める輩がいるが、男性の部下が上司の部屋に行って殴られた場合、部下を責める人はいないだろう。また女性側が「いいですね、飲みましょう」と部屋に行ったとしても、同意したのは「部屋で飲むこと」だけである。

こんな九九でいうと一の段すら理解できず、部屋に行った＝性的行為をする同意があったと主張する、救いようのないバカがいる。そもそもまともな上司であれば、断りづらいだろうと配慮して、異性の部下を部屋に誘ったりはしない。**上下関係を利用して誘ってくること自体がセクハラなのだ。**

別の女友達は大学時代、40代のゼミの教授から口説かれて、旅行に誘われたりしたという。「信頼して尊敬していた先生だったから、すごくショックだった」「当時はそれがセクハラだと気づかなかった」と振り返る彼女。

若い女子は「お父さんみたいな年齢のおじさんが、自分を恋愛対象や性的対象として見ないだろう」と思う。一方、仕事や学問上の信頼や尊敬を「恋愛感情」と勘違いするおじさんは案外多い。脳みそがおめでたすぎてめまいがするが、女子は注意してほしい。

女が自衛しなきゃいけない社会がヘルすぎるが、次のような対策を考えてみた。そもそもセクハラの標的にされないのがベストだ。**相手が既婚者だった場合、不倫反対強硬派アピールが効果的。**不倫の話題になったら「不倫男は一匹残らず駆逐してやる……」と進撃のエレンに擬態しよう。そして「私だったら既婚者が誘ってきた時点で訴えますよ」「二次元でも不倫設定は無理なんです。妻にチクるぞ、会社にバラすぞと思うんですよね」と強調しよう。

「身内に弁護士がいて、セクハラ案件を主に扱っている」とホラを吹くのもおすすめだ。「その親せきは金髪碧眼のオッドアイで」とか言うと疑われるので、設定は盛りすぎないようにしよう。

「お父さんは心配性」設定もアリである。「うちの父、娘がセクハラされたら相手を殺すでしょうね」とビビらせるのが効果的。こちらも「パピィは片腕がサイコガンで」とか盛りすぎないようにしよう。

仕事関係者からマンツーマンで会おうと誘われても、なるべく上司や先輩に同席を頼もう。そこで「2人きりで会いたい」と押してくる相手は疑った方がいい。

どうしても2人きりで会わないといけない場合は「今日は親が泊まりにきてるんですよ。うちの父は心配性だから、11時までに帰らないと殺される」とけん制しておこう。または「すみません、実は生理で下痢で体調最悪なんですよ」と話して、早めに帰るようにしよう。

ヘルジャパンでは女が自衛すると「自意識過剰だ」と責められて、被害に遭うと「なぜ自衛しなかった」と責められる。加害者がいなければ性暴力はなくなるのだから、そっちを責めんかい、ブオォー!! とイマジナリー法螺貝を吹き鳴らしたい。

職場のセクハラなどは、加害者に自覚がない場合が多い。「相手が嫌がってると思わなかった」「コミュニケーションのつもりだった」と本気で言う加害者が多いからこそ、**第三者が指摘することが重要なのだ。**

拙者が脚本を手がけた、**「#性暴力を見過ごさない」**という動画が公開された。(https://youtu.be/QZv4QhOx9UA)

このとき、私は寝ても覚めても伊藤詩織さんのことを考えていた。こんな理不尽があっていいのかと激しい怒りを感じつつ、自分にもできることがあるんじゃないか、性暴力を駆逐するためにできることはなんだろうと考え続けて、それが動画の制作につながった。**性暴力を見かけた時、被害者でも加害者でもなく、第三者として何ができるか？ を考えてほしい。女性が日常的に加害されている現実を知ってほしい。**そんな思いで作った動画は爆速で拡散されて、多くの感想をいただいた。その中には次のような感想もあった。

「お酌のシーンの女性、まさに私だった。そして動画のように一声かけて止めてくれた男性がいた。この一声の後からはセクハラがピタッと止まった。あの時にどれほど救われたか。アクションがなかったら永遠にセクハラされ続けただろうなと思うと吐き気がする。たった一言だけで救える世界があるんだよ」

動画の中では、女性の肩を抱いてお酌を強要する上司に対して「それセクハラですよ」と同僚が声を上げる。梵天丸もかくありたい、と思いつつ脚本を書いたが、相手が取引先だったら指摘するのは難しいだろうなと思った。

そんな場合は「いやー御社の新商品は最高ですね！　マーベラス‼」とか言いながら、間に割って入りたい。進撃のハンジさんに擬態して、空気読めない奴になりたいと思う。もしくは被害者に「体調悪いとか言って帰っていいよ」と耳打ちするのは、やりやすいんじゃないか。

その場に居合わせた人の小さな行動によって、被害者を助けることができる。**助けてくれる人がいるという安心感、社会に対する信頼があれば、被害者は助けを求められる。**逆に誰も助けてくれないと絶望してしまうと、助けを求めても無駄だと1人で抱え込み、支援につながることもできない。

最後に、動画を見た女性からいただいた感想を紹介する。

「すれ違いざまに突き飛ばされたり胸を触られたことも、しつこくナンパされたことも、上司にセクハラされたこともあったけど、それ自体だけでなく周りの人に〝見て見ぬふりをされた〟ことにも自分は傷付いていたんだなぁ、と思ったら涙が出た。声をかけられる人間でいたい」

被害者は周囲の無関心にも傷つく。性暴力をしにくい社会に変えるために自分に何ができるか？　を一緒に考えてもらえると嬉しい。

「Hな話がしたいな〜ナンチャッテ」
勘違いする人

数年前「こいつはヤベえッー！　昭和の加齢臭がプンプンするぜッーーーーッ!!」と景気よく燃えたのが、「ちょいワルジジ」だ。

その記事では、まだまだ現役でいたいという高齢男性に「美術館にいる女子にウンチクを語ってナンパしろ」とアドバイスして「焼き肉屋で牛肉の部位について語り、キミだったらこの辺かな？　とお尻をツンツン」とセクハラもセットで提案していた。戯言は地獄の鬼にでも言え！　という感想しかないが、それを直接本人に言って秘孔を突くのは難しい。

日本は儒教文化の国で、敬老精神が根強い。欧米のように義父のことを「ハイ、ナミヘイ！」とファーストネームで呼んだりもしない。そんな年長者を立てる国で、おじいさんに向かって「黙れジジイ！」と美輪明宏ボイスで怒鳴るわけにはいかない。

もし私が美術館でおじいさんに声をかけられたら「孤独なお年寄りなのかな」と民生委員の気分で相手をするだろう。こちらは福祉の精神で接しているのに「イケるかも」と勘違いされて、おまけにケツまで触られたら、うっかり殺してしまうと思う。

勘違いする人々に共通するのは「鈍感力」だ。人の気持ちに鈍感だから、相手が不快に思っていることに気づかない。時代の流れにも鈍感だから、アップデートできていないことにも気づかない。

20代の女友達は職場の50代のおじさんに敬老精神で接していたら、しつこく食事に誘われて、待ち伏せまでされたという。そのことを上司に相談したら「俺をセクハラで陥れるつもりだったのか！」と相手に逆ギレされたんだとか。

この手のおじさんは今すぐ現世から引退して、アシダカグモなどの益虫に転生してほしい。来世は害虫をたくさん駆除して挽回しよう。

私も中年スパイダーマンになって女子を守りたいが、尻から糸が出てくる気配はない。なので勘違いおじさんをブロックする方法を考えてみた。

敬老精神を好意と勘違いするおじさんには「年下が好み、おじさんは恋愛対象外」と宣言しておこう。「アベンジャーズではトムホ推し！　トニー・スタークは無理ですね、お父さんに見えちゃうんで」と、大富豪のアイアンマンでも無理だと強調するといい。

しかし無敵の鈍感力で「おじさんは対象外でも、俺だけは別」と口説いてくるおじさんもいる。そんな強敵を退治するのに必要なのは、愛想のない女になる勇気だ。「今度メシでもどう？」と誘われても**反射的に笑顔を返さず、「…………」とゴルゴ返しをキメよう。**眉間のしわと法令線を深くして、スナイパーみを出してほしい。

勘違いおじさん仕草として「ものすごくウザくて、ありえないほどキモいLINEを送ってくる」がある。

おじさんから「○○ちゃんとHな話がしたいな〜ナンチャッテ(>_<;)」とLINEが来ても「何言ってるんですか〜笑」と相手してあげなくていい。立場的に無視できない場合は、一晩放置してから「先ほどLINEを確認しました。現在、仕事が立て込んでおりまして」とビジネスライクに返そう。

それでも折れない心で「忙しいんだね！　温泉で癒やしてあげたいな〜ナンチャッテ(>_<;)」と返ってきたら「恐れ入ります。身内に不幸があってバタバタしてまして」と、身内の不幸返しをキメよう。

私はこれで「ご愁傷さまです、そんな時にすみません」と謝らせてきたので、身内をどんどん鬼籍に入れよう。「入院中の祖父が予断を許さない状況」など、身内が死にかけアピールも効果的。

「この子は即レスしてくれる」と印象づけると粘着されるので、塩対応を心がけよう。最初から「私、LINEはあまり見ないんです」「自宅ではスマホ断ちしてるんですよ」と宣言しておくのもアリだ。

勘違いおじさんが厄介なのは「自分は立場が上だから、相手はイヤでもイヤと言えない」という自覚に欠ける点である。

バラエティー番組で松本人志がいとうあさこに「俺がキスしたら、それはセクハラになる?」と聞いて、いとうあさこが「超うれしい!」と返す場面があった。「こんなこと言うとセクハラになっちゃうかな?」とセクハラ発言するおじさんも多い。

「セクハラは笑顔でかわせ」「おじさんは手のひらで転がせ」と言われるが、そんなばっちいものを手にのせなくていい、汁とか出しそうだし。「俺がキスしたら、それはセクハラになる?」と聞かれたら「そういう質問自体がセクハラですよ」と教えてあげよう。また、普段から「セクハラって許せない、されたら絶対訴えますよ!」と訴訟も辞さずキャラをアピールするのもおすすめだ。

勘違いおじさんはセクハラ系が多いが、勘違いおばさんはクソバイス系が多い。「夏は暑いですよね～」的な世間話のノリで「結婚したいんですよね～」と話す女子に「だったら努力しなきゃ、女子会ばっかりしてちゃダメ」とドヤるのは、キャバ嬢に説教するおじさんと同じだ。おまけに「若さという価値は有限なのよ」「結婚したいなら妥協しなきゃ」と呪いをかけたり、「私が若い頃はブイブイいわせてたわよ～」と武勇伝を語るのは、迷惑行為である。

そこで「さすが！　知らなかった！　すごーい！」と若い女子が返してくれるのは、おもてなしの心なのだ。それに気づかず「なんで彼氏いないの？　いつからいないの？」と土足で踏み込んでくる人に「ぶぶ漬けでもどうどす？」とやんわり返しても、三杯おかわりしたうえにデザートまで要求してくる。その手の相手には、最強のさしすせそをお見舞いしよう。

「なんで彼氏いないの？」

「さあ？」

「いつからいないの？」

「知らね」

「ずっと1人は寂しいでしょ」

「全然。すごーい私！」

「結婚出産が女の幸せよ」

「センスやばい(笑)」

「結婚した方がいいわよ」

「そうか？」

鈍感な人にはこれぐらい強気に出るのがおすすめだ。**単に年上だからという理由で、自分の方が経験値が上で優れていると勘違いする人には、毅然とした態度で臨もう。**


「一番厄介なおばさんはうちの母親だ」とため息をつく女子は多い。私自身は毒親育ちだが、毒親育ちじゃなくても「母といるとうっかり絞め殺しそうになる」と娘たちが語るのは、親世代は「身内には気づかい不要」という意識が強いからだろう。

そのため「あんたはいい年して独身で親せきの前で肩身が狭いわ」など、他人には絶対言えない剛速球をぶつけてくる。学生時代は異性交遊に厳しかった親ほど、娘がアラサーになると「いい人いないの？　早く孫の顔が見たいわ」とダブルスタンダードを炸裂させたりもする。

そしていざ娘が結婚出産すると、子育ての先輩としてああしろこうしろと押しつけてくる。「私が子育てしてた時はもっと大変だった、と苦労マウンティングされてウザい」という声もよく耳にする。

母親世代は夫が子育てに無関心で、行政や民間の育児サポートも受けられず、金田一の犯人よりやることが多かったのだろう。母親も1人の不完全な人間だから、娘に恨み節をぶつけたくなる気持ちはわからなくもない。

とはいえ、ウザいものはウザい。「育児を手伝ってもらって感謝もあるけど、母ストレスは子育てよりもキツい」「里帰り出産して地獄を見た」「こちらが意見を言うと逆ギレされて話し合いができない」と嘆く娘たちには、**エシディシ**

返しをおすすめしたい。

母の理不尽に対して「あァァァんまりだァァァァ AHYYY AHYYY AHY WHOOOOOOOHHHHHHHHH!!」とギャン泣きすれば「育児ノイローゼかな？あまり刺激しないようにしよう」と相手も配慮するんじゃないか。喜怒哀楽の「怒」じゃなく「哀」で表現する方が、人は心配して優しくなることが多い。それに自分も「フー、スッとしたぜ」とストレス解消できるので、つらい時はどんどんギャン泣きしていこう。

かくいう私も金田一というとジャニーズじゃなく石坂浩二が浮かぶ世代だ。自身も厄介なおばさんにならないために、心にアシダカグモを飼いたいと思う。

「きみが悪い、きみが間違ってる」モラハラする人

ここでは妻やパートナーにモラハラ行為をする男性、モラ男について書きたい。モラ男を一撃必殺する技を書きたいが、モラ男は見抜くのが難しい。敵が「オッス、おらモラハラ！」と登場すれば、股間光殺法で瞬殺できる。なにより、そんな男には近づかないのが一番だ。ヒリヒリした刺激が欲しい女子はドンパッチとか食べよう。ドンパッチを知らない人は周りの中年に聞いてほしい。

対等に尊重し合えるパートナーを求めているのに、モラ男にハマってしまった。そんな女子が多いのは、わかりやすいモラ男が少数派だから。ＤＶ事件でも「まさかあの人が？」「優しそうなご主人でしたよ」と近隣住民が語るように、モラ男は外面がいい。さらに厄介なことに、豹変系のモラ男が多数派なの

だ。理想の彼氏と思っていたのに、結婚や出産を機にモラ男にヘン〜シン!! というケースを私も見聞きしてきた。

身近なところで「まさかあの人が？」とショックを受けたこともある。

その彼とは10年来の友人で、穏やかで優しい彼を周りはみんな好青年だと思っていた。3年付き合っていた彼女から「彼がいつも美味しいごはんを作ってくれるんですよ」と聞いて「よきかな」と目を細めていたが、彼女の妊娠を機に結婚した途端、モラ男にヘン〜シン!! 幼い子どもの前でDVをする夫に豹変したのだ。典型的なモラ仕草で生活費も出し渋り、子育てを妻に丸投げしながら、周囲には子煩悩なイクメンアピールをしていた。

彼は自分しか愛せない、己の欲求を満たすことしか興味のないモラ男だった。それを目の当たりにして「いっこも見抜けませんでしたー!!」と進撃の隊長のように慟哭した私。

モラ男は獲物をゲットするために理想の彼氏を演じて、「もう逃げられない、完全に手に入った」と確信した途端に本性を現す。ゾ〜〜〜恐ろしい子!! 私が芸能プロの社長だったら紫のバラを贈るほどの演技力をもつ、モラ男。そんな彼らの本性を見抜くのは難しいが、できる限りの対策を考えてみた。

・違和感を大事にする、機嫌の悪い時に注目する

普段は優しく振る舞っていても、機嫌の悪い時には本性がチラ見えするもの。そんな時に「今日はたまたまよ、いつもの彼が本物のはず、完璧な人間なんていないし」とついポジティブ変換しがちだが、その違和感を大事にしてほしい。「なんかおかしくね？　いつもとキャラ違くね？」と感じたら「こいつ豹変系のモラ男じゃね？」と疑ってみよう。せちがらい話だが、人を疑う心が自分を守る盾になるのだ。

・スパダリ（スーパーダーリン）注意

モラ男と別れた女子たちは「付き合った当初は、こんな理想の人に出会えるなんてと感動した」と語る。恋愛や婚活で苦労してきたら「理想の王子様、発

見!!」と思って当然だろう。そんな女心につけこんで、理想の王子様を演じるモラ男のケツに紫のバラをぶちこみたい。

千の仮面を使い分けるモラ男は、相手の弱いところをついてくる。たとえば男性に引かれがちなバリキャリ女子に「仕事をがんばってるキミを尊敬する」「疲れてるでしょ？　僕がごはん作るから寝てていいよ」と、リベラルで優しい彼氏の仮面をつけて接したり。せちがらい話だが、私は「スパダリ注意」と呼びかけたい。モラ男は口が上手く、褒め言葉や甘い台詞をさらっと言う。そんな時は「できすぎじゃねえか？　こんなうまい話があるか？」と疑う心も持っていてほしい。

・最大の敵は焦りと心得る

モラ男もつねに完璧な演技ができるわけじゃなく、たまにはボロを出す。モラ男と別れた女子たちは「たまに違和感は感じてたんですよ。でも結婚を焦っていて、この人を逃すと次はないと思って、見て見ぬフリをしてました」と語る。パートナー選びにおいて、最大の敵は焦りだ。焦りがあると、溺れる者は糞をもつかむ状態になりがちだし、しかもそれはキラキラコーティングされたクソなのだ。彼らの黄金のメッキがはがれる瞬間を見逃さないでほしい。現実を直視して「この味は！　……ウンコの『味』だぜ……」とブチャラティのように見極めよう。

結婚は単なる箱で、中身は50年の共同生活。この箱さえゲットすれば幸せになれる！　と飛びつくと、その後はクソまみれの50年になりかねない。自分の人生を守るためにしっかり目を見開いて、モラ男とアリーヴェデルチ（さよなら）してほしい。

・結婚前にお試し同棲

豹変系のモラ男は見抜きづらいが、24時間一緒に暮らしてみれば、どこかでボロを出すもの。「モラ男じゃないか見極めるために、1年間期限付きでお試し同棲しました」「一緒に暮らすとケンカやすれ違いもあるけど、その時にちゃんと対等に話し合って歩み寄れるかを確認して、この人なら大丈夫と結婚を決めました」。そう語る女子たちは今も幸せな結婚生活を送っている。彼女らには「モラが発覚したら別れる」という〝覚悟〟があった。

恋愛や婚活で苦労してきて、ようやく理想の相手に出会えたと思ったら、モラ発覚。そんな泣きっ面にハチ、口内炎にドンパッチみたいな状況になった時「結婚したら変わってくれるかも」とポジティブ変換したくなる気持ちはよくわかる。

だけど**基本、モラ男は変わらない。**変わるとしたら、本人が全てを失い絶望して「本気で変わりたい」と思った場合だけである。だから、別れないまま相手が変わることを期待しても無理なのだ。

パートナーを探す女子は『「モラル・ハラスメント」のすべて』（本田りえ・露木肇子・熊谷早智子著、講談社）などの入門書を読んで、モラ男の特徴や手口を知ってほしい。そして全国の寺の掲示板に「悪い男は女の長所につけこむ」

と毛筆で書いた紙を貼ってほしい。

モラ男と別れた友人たちは、みんな素敵な人たちだ。モラ男は自己愛の塊で利己的だが、彼女らは真逆で利他的なのだ。「他人のために役に立ちたい」というタイプが多く、それがモラレーダーには「尽くす女、発見!!」と映るのかもしれない。

モラ男の思考の根っこには、男尊女卑がある。「妻は夫が支配できる所有物」「女は男に従ってケアする義務がある」。このように認知が歪んでいるため、妻は自分の思い通りになって当然、自分はケアされて欲求を満たされて当然と信じている。よって妻が思い通りにならないとキレて、自分の権利を奪われたと被害者ぶる。

そんなミソジニーのみそっかすのケツにドンパッチをぶちこみたいが、あいにく生産終了していた。ググったら「パチパチパニック」という類似商品があったので、それをケツに……という話はおいといて。

高学歴高収入のハイスペ女子や、高嶺の花系の女子がモラ男に狙われるケースも多い。彼女らは自分のスペックに引かないリベラルな男性だと思って付き合うが、その正体は「こんな獲物を射止める俺スゲー！」と自分に酔うナルシスト、トロフィーワイフ狙いのモラ男だった、みたいな話もあるあるで、とてもつらい。被害者はもっとつらいのだから「なんであんな男を選んだの？」「男を見る目がなさすぎる」と周りが責めるのはやめよう。本人が一番自分を責めて、自信を失っているのだから。彼女らは人を信じる善の心の持ち主であり、悪いのは人を騙して搾取するモラ男なのだ。

そんなモラ男に狙われないためには「尽くさないアピール、非良妻賢母アピール」が効果的。

周りを見ても「男に尽くすとか無理！　オタ活最優先なんで」とか「料理？　興味ないっすねー、それより推しが（略）」みたいなタイプはモラ男にスルーされている。また「私は我慢しない、イヤなことはイヤと言う、殴られたら倍殴り返す！」という不服従アピールも効果的。対等に尊重し合えるパートナーが欲しければ「亭主関白、男尊女卑は無理！　自分のことを自分でできない人は無理！」など、ハッキリと自己開示しよう。

女子に一番知ってほしいのは、モラ男に捕まった時の逃げ方である。結論から言うと、プロの支援につながるのがベストだ。というのを友人Mちゃんの話を聞いて実感した。

詳細は『婚約後、ダライラマ男がモラ男に豹変！　毒親育ちMさんのモラハラ脱出記』という記事を読んでほしい。(https://ch.nicovideo.jp/artesia59/blomaga/ar1831143)

Mちゃんは親から受けたDVのトラウマに苦しんできた。そんな彼女を親身に支えてくれるパートナー、だったはずの彼氏が婚約後にモラ男に豹変。暴言や人格否定などの精神的DVを繰り返し、「きみが悪い、きみが間違ってる」botと化して話し合いができない。そんな状況に追いつめられた彼女は、DV被害者支援団体のサポートを受けてモラ男と別れることができた。

支援団体のスタッフは、モラ男の特徴や手口を知り抜くプロである。素人は「彼と話し合ってみたら?」とアドバイスしがちだが、まともな話し合いのできる相手なら苦しんでいないのだ。そう言われた被害者は「やっぱりわかってもらえない」「相談しても無駄だ」と絶望して、ますます孤立化してしまう。

しかもモラ男は迫真の演技で被害者ぶり、同情心に訴えるため、素人が対処するのは難しい。DVをした後に「あんなことした自分が許せない」と涙を流すのはモラ男の十八番だが、それは己の所有物を手放さないための演技なのだ。でもモラに免疫のない素人は、彼も苦しんで反省していると信じてしまう。

そんなモンスターを倒すのは、その道のプロじゃないと難しい。餅は餅屋、モラはモラ屋。

Mちゃんは「モラ男と接触していると自尊心を削られて、正常な判断ができなくなるんです。なので私は全ての交渉を支援団体に任せて、彼と別れられました」と語る。第三者のプロが介入することで、加害者に対するけん制にもなる。

人は「きみが悪い、きみが間違ってる」と言われ続けると「自分が悪いのかな」と洗脳されて、逃げる気力すら失ってしまう。だから周りの人は「なんで別れないの？」と被害者を責めたりせず、「一度話だけでも聞いてもらったら」と支援団体を紹介してあげてほしい。「DV　〇〇県」で検索すると、各地域のDV相談窓口や民間支援団体が出てくる。くれぐれも変な宗教とかスピ系には行かないように注意しよう。

被害者を救う支援団体の存在が広く世に知られますように……と願いつつ、パニッシャーみたいな処刑執行人がいたらいいのにと思う。だってモラ男は今も普通に暮らしていて、また新たな被害者が生まれるかもと思うとゾッとする。

私はつねづね「元カノや元妻の情報共有データベースがあればいいのに」と夢見ていた。開発者にはノーベル賞をあげてもいい。でもDBの実用化は難しいだろうし、私にはパニッシャーみたいな戦闘力もない。なので当コラムが少しでも役に立つことを願いつつ、パチパチパニックを大人買いしようと思う。

「妻と別れてきみと結婚したいよ」不倫する人

不倫相談されることの多い生涯を送ってきました。

既婚者と付き合う未婚女子からの相談がほとんどで、彼女らは「彼は妻と別れて私と結婚したいと言っている」と話すが、実際に離婚して再婚したケースは1件もない。大半は泥沼の末に破局して、女子がズタボロに傷つくパターンだ。相手の妻にバレて慰謝料請求された女子や、会社を辞めるはめになった女子も知っている。

不倫男の中には「妻とはもう何年もセックスレス」と言いつつ実は妻が里帰り出産だった、みたいなドクソ野郎も珍しくない。そんな地獄を見てきた我は「悪いことは言わねえ、不倫はやめなせえ」と言いたい。

私は過去にさんざんやらかしたが、既婚男と不倫だけはしなかった。それは「男ばっかり得して、ワイ損ばっかりやないか」と思っていたから。

既婚男の側は家庭という安全地帯をキープしつつ、恋愛気分やセックスを楽しめて、男としての現役感や自信も満たせて、いいことづくめ。そんなアンフェアな関係で吐息を白いバラに変えてたまるかよ！　と思っていた。吐息を白いバラに変える意味がわからない人は周りの中年に聞いてほしい。

たまにデートするだけ、火遊びを楽しむだけ、自分もいいとこどりしよう、と軽い気持ちで入門してズブズブにハマってしまう女子も少なくない。不倫は蜜の味と言われるが、実質はシャブである。

脳科学の本によると「手に入らないから欲しくなる」「不安定な状態の方が依存しやすい」という脳内ホルモンの仕組みがあるらしい。脳内ホルモンさんは強力なので、ガンギマリしてやめられなくなってしまう。

それに不倫は不安定な関係ゆえ、つり橋効果も発動する。バレたらどうしよう、いつ別れが来るかわからない、という不安を「恋愛感情」「恋のときめき」と錯覚するわけだが、それは「泥棒に入られたらどうしよう（トゥンク）」みたいなものである。

逆に言うと、関係が安定すると恋愛感情やときめきが減るのは自然なのだ。**結婚は家事育児や介護や住宅ローンといった日常を共有するものだが、不倫は恋愛やセックスといったキラキラだけを味わえる非日常。**そのため「これぞ運命の恋」と錯覚してしまう女子は多い。

拙著『アルテイシアの夜の女子会』（幻冬舎文庫）の対談で、作家のぱぷりこさんが話していた。

「(不倫にハマる女子は)つまらない日常から私を救い出して系が多い。不倫って手っとり早い非日常じゃないですか。普通は彼氏が家に来てセックスだけして帰っていったら『大事にされてない』と思うのに、不倫だと『こんな隙間を縫って私との時間を……』ってドラマティックに酔えるし」

また都合のいいアンフェアな関係を受け入れてくれる女子は少ないため、不倫男は相手を逃さないためにサービスする。罪悪感や後ろめたさもあるため、とびきり優しくして甘やかしてくれる。

不倫男が甘いセリフや素敵なデートやキリンが逆立ちしたピアスをくれるのは、孫にやたらお菓子を与える祖父母と同じなのだ。それは愛情の大きさではなく、無責任な自己満足にすぎない。

一方の女子はそうしたお付き合いに慣れてしまい、同世代の独身男子とまともに恋愛できなくなる。「ときめかない」「物足りない」とか言うてるうちに結婚のタイミングを逃して「不倫なんかするんじゃなかった……」と後悔する女子を見てきた。

不倫してよかった！ 圧倒的成長できた！ 自己肯定感爆アゲ！ みたいな女子もいるだろうが、それはたまたまラッキーなレアケースにすぎない。そんな「FXで2兆円ゲット！」みたいな話を真に受けて、女子が地獄を見ませんように……南無。

拙僧が念仏を唱えるのは、ズタボロに傷つく女子を見てきたから。不倫のつらさからスピ沼にハマって友人まで離れてしまった例も知っている。不倫男は息をするように嘘をつき、それに騙されるのは善良で優しい女子なのだ。彼女らは人を騙したりしないから、平気で人を騙す男のズルさに気づけない。

はなから家庭を壊す気などないくせに「妻とは別居中でもうすぐ離婚が成立する」と平気で嘘をつく男もいる。「妻との仲は冷めきっているが、ホニャララという理由で別れられない」と嘘をつく男も多い。「子どもや家族が病気だから」といった理由をでっちあげる外道もいて、てめえらの血はなに色だーっ!!と輪切りにしたくなる。

けれども善良で優しい女子は「彼を支えてあげたい」とか思ってしまうのだ。「キミがいないと生きていけない」「もっと早く出会っていれば」という男の戯言を信じて。

彼女らは「妻には絶対バレないから」という男の言葉も信じてしまう。でも妻が本気出したら絶対バレないなんて不可能だ。夫の不倫の証拠をつかんだ妻から「指の動きでスマホのパスワードを解読した」「消去したデータを復元するソフトを使った」といった話を聞いたこともある。スパイとしてCIAにスカウトされるんじゃないか。興信所を使って証拠をゲットした妻は「プロの探偵はやっぱスゲーわ」と感心していた。絶対バレない不倫などないわけで、センテンススプリングとか言うてる場合じゃない。

妻バレした途端、不倫男は手のひらを返して、女子は妻から請求された数百万の慰謝料を払う、みたいな話も珍しくない。

我ながら地獄を煮詰めたようなコラムだが、そんな地獄にハマらないための対策を書きたい。不倫を避けるためには、そもそも狙われないのが一番だ。よって145ページに書いたように、**普段から不倫反対強硬派アピールをしよう。**それによって隠れ既婚者もブロックできる。隠れ既婚者に騙された案件もよく聞くので、訴訟も辞さずキャラをアピールしよう。

新卒で入社した広告会社はガバナンスがガバガバで、既婚男からよく迫られた。そのうちの1人、新人時代に遭遇した「セカチュー男」の話をしよう。

他部署のマネージャーだった彼に飲みに誘われた私は、新人の立場で断れなかった。それで飲みに行ったら「おまえを初めて見た時、心臓が止まりそうになった……」と語られ、結局その話のオチは「学生時代の初恋の人にそっくりで、その彼女は白血病で死んでしまった」というものだった。

しかも彼は話しながら涙を流していたのだ。交尾するために泣くってスゲーなと思いつつ、「ご愁傷さまでした、では明日も早いので失礼します」と帰ろうとしたらガバッと抱き締められて「助けてください〜!!」と己がセカチュー状態に。「いやマジで無理なんで」と抵抗すると「おまえ何型だ?」と聞かれて「O型です」と答えると「やっぱりな、俺はO型の女とは合わない!」とキレられた。

今の私ならグレッチを抜いて袈裟斬りにするが、22歳の私はキレ返せなかった。せめてこちらも女優魂を発揮して「こんなうめえものくったことねぇ」と、おしぼりとか食ってビビらせればよかった。

前職の広告会社では、既婚男が新卒女子に手を出すのが春の風物詩になっていた。わくわく動物ランドかよと呆れるが、それは動物の皆さんに失礼だろう。彼らが若い女を狙うのは「こんな獲物をゲットできる俺スゲー」「俺もまだまだ男としてイケる」と自己満足するためだ。**女を獲物としてモノ扱いするミソジニーな価値観、それらの犠牲になって利用されるのは女である。**

「男には種をまきたい本能ガー」と彼らは言うが、だったら出産育児するところまでやれよと思う。「男には狩猟本能ガー」というのも、だったら狩猟免許を取って山で狩りをすればいい、そしてヒグマにぱくぱく食われてしまえ。

本能を言い訳に使う人は全員アホなので「今日耳日曜〜〜」とスルーしよう。今日耳日曜の意味がわからない人は周りの中年に（略）。

セカチュー男のような既婚者に狙われて、まんまと落とされてしまう女子もいた。

若い女子は「年上の男＝仕事ができる＝尊敬できる＝彼といると成長できる」と錯覚しがちだし、まさか上司が部下に手を出さないだろうという常識から「こんなハードルを越えてくるなんて本気なのね（トゥンク）」と錯覚しがちだ。そんな錯覚から不倫沼にハマらないために、「男の言葉じゃなく行動で判断する」と足の裏に彫ってほしい。

「誰よりも大切に思ってる」と言葉で言うのは屁をするよりも簡単で、実際に大切にするのとは違う。「ずっと一緒にいたい」とLINEするのも、となりに他の女が寝ていても指一本でできてしまう。とはいえ、いったんハマると簡単に脱出できないのが不倫沼。なので「私が不倫しそうになったらグレッチでぶってくれ」と友達に頼んでおこう。

ついでに昭和の不倫ソングを聞いて、友達とつっこみ大会をしよう。

『恋におちて』の「ダイヤル回して手を止めた〜♪」に「ダイヤルって黒電話かよ！」とつっこみ、『愛人』の「たとえ一緒に街を歩けなくても　わたしは待つ身の女でいいの♪」に「どんだけ男に都合のいい歌なんだ！」とつっこみ、「不倫ってオワコンだよね」と笑ってほしい。

そうやって愉快に過ごしていれば、つまらない日常から私を救い出して系にならずにすむ。恋愛やセックス以外にも、この世にはもっと楽しいことが溢れているのだから。

「ナンパされて喜ぶ女もいるだろ」
ナンパする人

女性陣に「ナンパって怖いよね」と話すと「わかる！　めっちゃ怖い！」と膝パーカッションで地面が割れる。

たとえば、家の近くでナンパされると「あとをつけられて自宅を知られるんじゃないか」と怖い。20代の頃、私も駅から自宅までつけられたことがある。自宅アパートの前で「あの……」と男に声をかけられ、おしっこをちびりそうになった。40代の今なら確実に漏らしている。

「電車の中で男に声をかけられて、電車を降りてもついてきた。そのまま家までついてきそうだったので交番の前まで行った」「近所のコンビニから自転車で追いかけられて、殺されるんじゃないかと思った」など、恐怖体験を語る女子は多い。しかも「断ったら逆ギレされて、危害を加えられるかも」という恐怖がある。

以前、男性タレントがコンビニで女性をナンパして、断られたことに腹を立てて暴行する事件があった。私の周りにもナンパを断ったら体当たりされたり、お腹を殴る真似をされた女子がいる。「クソ！」「ブス！」と罵倒された経験のある女子も多い。

こうした被害も、男性には見えない世界なのだろう。男性にナンパの話をすると「モテ自慢？」と言われたりして、血管が何本あっても足りないヘルジャパン。というと「ナンパされて喜ぶ女もいるだろ」とクソリプが来るが、だから何なんだ？　と聞きたい。ナンパされて喜ぶ女性がいるからといって、**ナンパされて怖い思いをする女性がいる事実は変わらない。**

ヘルジャパンでは女が警戒すると「自意識過剰だ」と責められて、被害に遭うと「なぜ自衛しなかった」と責められる。性暴力の加害者より被害者が責められるこの国で、女はモヒカン＆トゲ肩パッドで武装しなきゃならんのか。好きな格好もできないなんて、ヘルみが過ぎるじゃないか。

女が自衛を求められる現状がクソだが「マスク&サングラスで通勤するようにしたら、ナンパにも痴漢にも遭わなくなった」という声もあるので参考にしてほしい。

通りすがりにナンパされた時には、どう対処すればいいか。

男「お茶しない？」
私「今から仕事なんで」
男「仕事って何してるの？」
私「警察官です」

というポ**リス返し**は効くだろう。これはキャッチセールス等にも使えるので、覚えておくと便利。

「今から彼氏の家に行くんで」と返すとナンパ男は引き下がる、との意見も寄せられた。だが私は「夫が待つ家に帰るんで」と返したら「いいやん、飲みに行こうよ」と粘られたことがある。女友達は「旦那も他の女と遊んでるって」と粘られたそうだ。ゾンビ並みにしぶといナンパ男を撃退するには、丸太を持ち歩くしかないのか。丸太を携帯するのはかさばるので、携帯で適当に電話をかけて「もうすぐ着くから」と小芝居するといいだろう。

「私は日本語がわからないフリをします」という意見もあった。「ソーリー」「パードゥン?」と返せば、大抵のナンパ男はひるむそうだ。

「えっ……後ろの女の人、すごい怒ってるけど大丈夫ですか?」とオカルト返しする、という意見もあった。「私、視えるんですよね……」と呟いて、逆に相手を恐怖させよう。カラスを引き連れてオカルト感を盛るのもナイス。

飲食店、書店、スポーツクラブ、新幹線などで声をかけられた、という体験談も寄せられた。私もバーで男に話しかけられ、勝手に一杯奢られて、帰ろうとしたら「奢ったのに無視かよ!」と逆ギレされたことがある。「こっちは頼んでねえし、たかが酒一杯で接客サービスを求めんじゃねえ」と酒をぶっかけたかったが、反撃されるのが怖くて何もできなかった。

女友達はバーで2人組の男に話しかけられ、さんざん下ネタを聞かされた挙句「女は風俗で稼げるからいいよな」と暴言を吐かれたそうだ。「結局、飲みかけのお酒を残したまま帰りました。なぜこんな最悪な気分にさせられなきゃいけないの？　と悔しくて、家に帰って泣きました」という彼女の言葉に、泣きながら膝パーカッションする我である。

そんな下郎どもに「汚物は消毒だ〜!!」とスピリタスで火を吹きたいが、現実には泣き寝入りするしかない。そして、なぜこんな目に遭わなきゃいけないの？　私が女だから？　と絶望するのだ。夫と2人で飲みに行った時に不快な目に遭ったことは一度もないが、1人の時や女友達と飲みに行った時に不快な目に遭ったことは何度もある。

イギリス在住の女友達は「イギリスでも声をかけてくる男性はいるけど、断られるとあっさり引くのよ。でも日本だと『調子に乗るな』とか逆ギレする男が多いんだよね」と話していた。

女は男に接客サービスして当然と思っているから、そうじゃないと自分の権利を奪われたかのように逆ギレする。そんなヘルジャパン在住のガールズに言いたいのは**「会話するかどうかを選ぶ権利は自分にある」**ということだ。

私は夫と近所のバーで出会って、ガンダムの話をして仲良くなった。夫はトンチキな服装をしていたが、こちらを尊重する姿勢があったし、会話していて楽しかった。こちらを尊重しない相手を尊重してやる必要はないし、つまらない話に付き合ってやる義務もない。とはいえ、私もウザいおじさんに話しかけられても「ウゼえな、失せろ」とは返せない、やっぱり反撃されるのが怖いから。

なので「すみません、仕事中なんで」とスマホをいじって推しの動画を見たりする。これも大切な推しごとなので、嘘ではない。女子は「接客サービスなんかしてたまるかよ！」の心意気で、自分の権利を守ってほしい。

「道を聞くフリしてナンパしてくる男がムカつく、人の親切心につけこみやがって」という意見も寄せられた。他人に親切にしたいけど、まともな人とヤバい人の見分けがつかないから、警戒せざるを得ないのだ。

友人は駅で男性に声をかけられて身構えたら「肩にカナブンがとまってますよ」と言われたそうだ。見たら本当にカナブンがとまっていて、その人が取ってくれたという。こういう親切な人もいるが、日常的に被害に遭いすぎて反射的に身構えてしまう。一部の迷惑男性のせいで、まともな男性まで足を引っ張られてしまうヘルジャパン。

我々はカメムシと違って、臭い汁を発射できない。なので私は護身用にヒグマも撃退できるペッパースプレーを携帯している、という話を知人男性にしたら「そんなにしょっちゅう襲われるんだ（笑）」とニヤニヤ言われて、スプレーを発射してやろうかと思った。性暴力をエロネタ扱いする人間の来世は、カナブンかカメムシの二択だろう。

大学時代、下校中に歩いていたら車が停まって、二人組の男が出てきた。私は必死で駅まで走って、友達に電話して迎えに来てもらった。あの時の恐怖は今でも忘れない。女性が拉致されて殺されたニュースを見ると、それは自分だったかもしれないと思う。

「中学時代、下校中に車から出てきた男二人組に声をかけられ、腕を引っ張られた。そのトラウマで今でも男性に接近されるとパニックになる。こんな自分は恋愛も結婚も無理だと諦めている」、そんな体験談が読者の女性からも寄せられる。

男性はどうか「たかがナンパ」と軽視しないでほしい。殺されるかもという恐怖を理解して、トラウマに苦しむ女性がいることを知ってほしい。そして、自分にできることは何だろう？　と考えてほしいのだ。

146ページでも書いたように、そんな願いを込めて「#性暴力を見過ごさない」という動画を制作した。

現実に性暴力をゼロにするのは無理だろう。でもまともな良識のある人は、性暴力を少しでも減らしたいと思うだろう。そういう人たちが声を上げていけば、世の中は変えられる。逆に「自分には関係ない」という無関心が、性暴力をしやすい社会を作ってしまう。

「その場で加害者が捕まらないと意味ない」というクソリプも来るが、大丈夫ですか？　と声をかけるだけでも被害者は安心するし救われるのだ。

女友達がこんな話をしてくれた。20代の時、ライブハウスでしつこいナンパに困っていると、知らない女性が「ひさしぶり〜元気だった？」と声をかけてくれたそうだ。そのおかげでナンパ男は去っていき、彼女が女性にお礼を言うと「大丈夫だよ、ライブ楽しもうね！」と笑顔で言ってくれたという。

「その体験が私の支えになってます。自分も女性を助けられる女性になりたい、と思いました」という彼女の言葉に「シスターフッド、尊い……」と合掌した。

私もいざという時に行動できるようイメトレして、反復横跳びなどのトレーニングに励みたいと思う。

ヤリチンな人

「セックスの相性を確かめるって大事だよ」

我は長年恋愛相談コラムを書いてきたが、ヤリチン被害に関する相談はとても多かった。「好きになった男にヤリ捨てされた」「自分は付き合いたいのにセフレにされてしまった」など、傷つき悩む女子の話を聞くたびに「ヤリチンを集めて、どんど焼きで燃やしてえ」と思ってきた。そうした催事を行うヤリチン神社があればいいのに。ヤリチンを封印するお札とかも売ってほしい。

男女双方がセックスだけの関係だと同意していれば、何も問題はない。けれども、大抵のヤリチンは嘘をつく。「きみのことが好きで付き合う意思がある」と女子を騙して、性的搾取をする。

実際ヤリチンの書いたマニュアルには「真剣に付き合う気があるとアピールしよう」「男慣れしてない奥手な女子は狙い目」「婚活アプリは結婚を焦る女子が多いのでヤれる」等と書いてあり、完全に詐欺師の発想である。

某マニュアル本には「酔わせて判断力を鈍らせればヤれる」と書いていた。そんなレイプ指南まがいのものが堂々と売られているのだ。我は百鬼夜行するヤリチンを退治する陰陽師になりたい。でも九字の呪法とか覚えられないので、ヤリチンに結界を張る方法を書きたい。

昨今はマッチングアプリで出会いを求める人が多いが、そこには魑魅魍魎も潜んでいる。**ヤリチン妖怪をブロックするには「すぐに会えないアピール」が効果的。**なぜなら、彼らはすぐに会えそうな女子を探しているから。

よって、プロフィール欄に「真面目な出会いを求めてます。すぐに会うのはちょっと怖いので、メッセージのやりとりをして、お互いをよく知ってから会いたいです」と書こう。するとヤリチンは「面倒くさいし、ヤレなさそう」と判断する。

一方、真面目な出会いを求める男子には安心感を与えられる。男性側もサクラや勧誘を警戒しているため、WIN-WINな策である。そこで「会ってみなきゃわからないよ」と押してくる男には注意しよう。基本、こちらの要望を無視する相手は疑った方がいい。

また、**初回のアポは昼間にお茶かランチを提案しよう。**ヤリチンは夜に活動するので「昼は都合が悪い、夜飲みに行こう」と押してくる男も要注意だ。

リアルでヤリチンに遭遇するより、オンライン上の方が見分けやすい・ブロックしやすい面もある。私の周りもアプリでパートナーに出会った女子が多く、効率的に出会えるツールだと思うので、リスク対策を万全にしたうえで上手に活用してほしい。

では、リアルでヤリチンに遭遇した場合はどうするか。

テレビで男性芸人が「ヤリたかったら、好きとか付き合おうとか言うに決まってるやんな（笑）」と話していて、周りの男性芸人たちも笑いながら聞いていた。もし女性芸人が同じことを言ったら総スカンを食らうだろう。かように男社会はヤリチンに甘く、むしろ「大勢の女とヤれてスゲー！　そこに痺れる憧れるゥ！」と称賛したりもする。

そんなヤリチンから身を守るには、彼らの特徴や手口を知ることが肝心だ。経験豊富な女子は「積極的に口説いてくる男やスマートで女慣れしている男は怪しい」と妖怪アンテナが立つが、奥手な女子はアンテナの感度が低い。かつ、強引に押されると断れない場合も多い。なので次のヤリチンの特徴をメモって、冷蔵庫の水道屋のステッカーの横に貼ってほしい。

・口が上手い

初対面で会話を盛り上げて上手にリードしてくれる。こちらが喜びそうな言葉を選び、「誰でも口説くわけじゃなくキミは特別だよ」と匂わせてくる。そんなタイプはヤリチンが多いので、うっかりトゥンクとならないようにしよう。

・ボディタッチが多い

やたらと体に触れようとする（手相やマッサージなど古典的な技を使うヤリチンも多い）。イチャイチャするために、人目のない場所に誘うのも手口。カラオケボックスや個室居酒屋や車などで2人きりになるのは避けよう。

・下ネタやエロトークをする

やたらと下ネタやエロトークにもっていこうとする。経験人数や性癖について聞かれたら「それセクハラですよ」とハシビロコウ顔で返そう。

・酒を飲ませようとする

まともな男性は女性を酔わせようとはしない。飲みやすい酒を勧めてきたり、ボトルのワインをじゃんじゃん注いでくる男には要注意。強引に勧められたら「それアルハラですよ」とハシビロコウ（略）。

・終電を逃したフリをする

「電車なくなっちゃったね、どうする？」と終電を逃したフリをするのも手口。事前にアラームをセットして「電車がなくなるので帰ります」と先手を打とう。そこで粘られたら「親が泊まりに来ていて、12時までに帰らないと殺される」などホラを吹こう。

・ホテルや家に行こうとする

ヤリチンも公共の場ではセックスできないので、是が非でもホテルや家に行こうとする。「気分が悪いからホテルで休みたい」「仕事の資料を見せたいから家に来て」など、何を言われてもキッパリと断ろう。疑ってるみたいで悪いなと仏心を出さず、阿修羅顔で「いや親に殺されるんで。あ、親から着信がついてる」とホラを吹こう。

また「タクシーで家まで送るよ」と自宅までついてくるのも手口。同じ方向だからとゴリ押しされても、家を知られると厄介なので固辞しよう。

ヤリチンのマニュアルには「断られても諦めず、強引に押しまくればヤれる」と書いてある。また「軽い女と思われないために、女は嫌がってるフリをする」との教えもある。さらには「無理やり抱きしめて勃起したペニスを押し付ける技」まで紹介されていた。「悪霊退散！　滅!!」と汚棒をまとめて燃やしたい。こんな性暴力を助長するようなマニュアルが流布していて、10代の男子から「これって本当なんですか？」「嫌がられても押した方がいいんですか？」と質問が届いたりもする。

ただでさえ、日本は性的同意についての教育が遅れている。欧米では「明確なイエス以外はノー」だが、日本では「明確なノー以外はイエス」という価値観が根強い。「イヤよイヤよも好きのうち」と認知が歪んだ相手には「やめてください」と拒否する程度では効かない。「通報しますよ」とドスの利いた声で言って、カバンからドス、じゃなくてスマホを出そう。身の危険を感じたら、ためらわずに110番通報しよう。

ここまでは、わかりやすいヤリチンの例を紹介した。**一方、見分けのつきにくい擬態草食ヤリチンもいるので注意しよう。**彼らはチャラい肉食系ではなく、真面目な草食系に見える。「見た目も地味だし態度も奥手っぽいし信用できそう」と女子が近づいたところを、パクッと食らう。そんな見た目がしょぼいラフレシアのような存在なのだ。

草食のフリをして獲物を誘いこみ、まんまと食った後に「キミの方から来たんだよね？」と逃げ道を用意している。そんな巧妙で小賢しい擬態草食を見分けるには、言葉じゃなく行動で判断することが鍵である。

彼らは「今まで付き合った彼女は2人だけ」「真剣な恋愛にしか興味がない」などと真面目で奥手ぶるが、真に真面目で奥手な男子は付き合ってもない女子とセックスしようとしない。「言葉じゃなく行動で判断すること」。大事なことなので、水道屋のチラシの裏に写経してほしい。

「俺は愛を知らずに育ったから……」とサウザーみたいなことを言い出すヤリチンもいる。過去のトラウマ（親に愛されなかった、昔の恋愛で傷ついた等）を語って「だから女性と付き合うのが怖い」と理由をつけて、セックスしようとする。

善良で優しい女子は「私を信用して心を開いてくれたのね」と信じてしまうが、それが敵の狙いなのだ。「いや、だからセックスさせろっておかしくね？」と冷静になって「愛などいらぬ!!」と南斗鳳凰拳をキメよう。

女子の体だけじゃなく、心も搾取しようとするのが妖怪だ。自分に夢中にさせることで承認欲求を満たしたい。イチャイチャや恋愛気分だけを楽しみたい。面倒な責任は回避して、いいとこどりしたい。そんな魑魅魍魎が跋扈する世界で、女子が自分を守るためには「自分はどうしたいか？」を明確にすることだ。

「自分はこの人とセックスしたい、セックスだけで終わってもいい」と思うなら、セックスすればいい。

「セックスだけで終わるのはイヤだ、真剣に付き合いたい」と思うなら「私は付き合ってない相手とはセックスしない」と宣言しよう。そこで「セックスの相性を確かめるって大事だよ」「今までの彼女とはセックスしてから付き合った」とゴネられたら、妖怪アンテナを立てよう。セックスを拒んだら離れていく男は、セックスが目的である。

ヤリチンじゃなくても、こちらの意見を無視する男とは対等に尊重し合う関係を築けない。特に性的同意を軽視する男はヤバいので「退かぬ！　媚びぬ！　省みぬ！」精神でブロックしよう。まともな男子は女子の意見を尊重して、こちらのペースに合わせてくれる。まともかどうかを見分けるためにも「自分はどうしたいか」を率直に伝えてほしい。

ヤリチンに傷つけられて、男性不信になってしまう女子もいる。また不特定多数と性行為する男性に限ってコンドームをつけないというデータもあるそうで、とんだバイオハザードだ。

「そんな男に騙される女が悪い」と責める輩がいるが、騙す方が悪いに決まっている。悪い男に騙されるのは、彼女らが良い子だからだ。自分が人を騙さないから騙す男の心理がわからないし、平気で人を傷つける男に出会うとびっくりして「自分が悪かったの？」と思ってしまう。

そんな女子に伝えたい。**悪いのはあなたじゃなく、悪い男が女の長所につけこむのだ。あなたの長所を変える必要などないし、「女の長所につけこむ妖怪がいる」と学んで注意すればいい。**そして私はヤリチン退治する陰陽師を目指して、水道屋のチラシで式神をこさえたいと思う。

4章

言葉の護身術でブロックしよう!
距離をとるべき「ヤバイ人」

体育会系の人

「最近の若い奴は甘すぎる」

自宅の壁に松岡修造カレンダーを貼って、隙があればスクワットしてハッスルハッスル言ってるだけの人は、特に害はない。

厄介なのは、体育会系のノリや思考を押しつけてくる人だ。「会社の上司が体育会系で、その上司が帰るまで帰れない、上の言うことは絶対、飲み会は全員参加、後輩はお酌して回れ、風邪ぐらいで休むな、台風でも会社に来い、と強制されてつらいです」という話をアラサーの女友達から聞いて「とてもつらい」と霊帝顔になった。拙者は氷河期世代だが、魂がゆとりなので体育会系思考が苦手だ。上下関係、スパルタ、根性論、精神論といった言葉を聞くだけで耳ダレが止まらなくなる。

つい先日も耳ダレ流出事件が起こった。バーで飲んでいた時、常連のおじさんが「最近の若い奴は根性がない、仕事をナメてる、礼儀がなってない」と若者をディスって「俺は野球部出身だから、そういう奴は許せない」と体育会系仕草をキメていた。

「じゃあ素手で便所掃除して来いよ」と言いたかったが、**哲学返し**を試すチャンスかもと思って「へえ~私は文化系なんで、ちっともわかりませんね。ところで私は読書が趣味なんですけど、好きな作家とかいます?」と聞いてみた。

「いや、俺は本は読まないから」

「本、読まないんですか! 〝本のない部屋は魂のない肉体に似ている〟と古代ローマの哲学者キケロは語ってますけど、どう思いますか?」

するとおじさんは無言になった後、別の客に話しかけていた。このように哲学返しは有効だと証明できたし、気分もスッキリするのでおすすめだ。

哲学者の言葉をストックしておくと便利。〝ミネルヴァのふくろうは、迫り来る黄昏に飛び立つ〟というドイツの哲学者ヘーゲルの言葉は、意味はわからないけどカッコいいので使ってみたい。

体育会系ノリの人に「最近の若い奴は根性がない」と言われたら「ヤバｗ昭和ｗｗ　星一徹ｗｗｗ」とプークスクス返しをするもよし。

「精神論すか？　そういうのよくわかんないっすね〜」とスマホでYouTubeを見たりして「世代が違うから話が通じない」と諦めさせるのもアリだ。

前出のおじさんのように「俺は○○部出身だから」とウザがらみしてくる人は多い。そんな場合、滑舌に自信のある女子は「運動部のしごきや体罰が問題になってますよね、体罰は無意味どころか逆効果だと科学的にも証明されてますし、体罰を禁じることで若者の暴力性が劇的に減少することが88カ国40万人を調査した研究で示されてますが、どう思いますか？」と早口で言って、眼鏡をクイッとしよう。そこで「それどんな調査だよ？」と聞かれたら「興味があるならググってください」とぴしゃりと返そう。「丁寧に説明して俺を納得させてみろ」と上から聞いてくる奴に、時間を割いてやる必要はない。

滑舌に自信のない女子は「私も部活系漫画は好きですよ、最推しのカップリングは（略）」と**BL返し**をキメるか、「優れた運動能力を持つ生き物といえば、やはり猫ですよね」と猫の話をしよう。「学生時代インターハイに出場した」とか自慢話をされたら「猫の走るスピードは時速48キロ前後で人間の2倍も速いんですよ」と猫自慢で返すのがおすすめだ。

とはいえ、仕事の場ではそう強い返しもできない。こちらが言い返すと「この上下関係が目に入らぬか！」と印籠を出してくる相手には、なるべく近づかないのが吉である。

「会社の体育会系ノリの飲み会が最悪だから、飲み会に行かないキャラで通してます」という若者も多い。資格や語学の勉強で忙しい、祖父母の介護をしている、といった設定を作っておくもよし。それでも「たまには息抜きしないと、ハッスルハッスル！」とか言われたら「祖父の具合が悪くて……」と明菜返しをキメよう。

体育会系思考がパワハラやセクハラにつながるケースも多い。

私が大学生だった頃、体育会の飲み会では「先輩の酒が飲めないのか」「後輩が潰れるまで飲ませろ」的な文化があって、新入生が急性アルコール中毒で病院に運ばれたりしていた。当時の体育会系はそうした儀式を乗り越えることを「男らしさの証」とする、「THE ホモソーシャルな集団だった。

その象徴のような曲が、80年代に流行ったとんねるずの『一気!』である。「飲めぬ下戸にはヤキ入れて　付き合い程度じゃ許さずに（略）　一気!　一気!」という歌詞を書いたのはご存じ秋元康だ。

新卒で入社した広告会社にも、新人が一気飲みさせられるパワハラ文化があった。かつ、男性社員が飲み会で全裸になるセクハラ文化もあった。管理職の多くは体育会出身のおじさんで、それらを武勇伝のように語っていた。こうした文化が滅んだのは、女性社員の1人がコンプライアンス室に訴えたことがキッカケだった。**勇気を出して声を上げた人のおかげで、組織全体が変わったのだ。**

一方、当時20代だった私は何もしなかった。何もしなかったどころか、むしろ加害側に加担していた。飲み会で手拍子して盛り上げていた私は「会社とはこういうもので、このノリに合わせないと居場所がなくなる」と思っていた。そんな過去の反省があるからこそ、次世代に悪しき文化を引き継ぎたくない。

令和になっても、セクハラ・パワハラのセパ両リーグが熱戦を繰り広げるヘルジャパン。セパ被害に遭った場合の具体的な対処法は、巻末の太田啓子さんとの対談を参考にしてほしい。

アラサーの女友達は「会社の上層部にセクハラ被害を訴えてもまともに相手してくれなくて、しかたなく父親に同席してもらったら、おじさんたちの態度が一変した」と話していた。男が出てくると態度を変える、その男尊女卑っぷりが許せない。グレッチでぶん殴ってマーシャルで目つぶししたい。

女性陣からは「体育会系男子の男尊女卑率はきわめて高い」との声が集まった。「体育会系男子と飲み会したら、女がお酌や取り分けをして当然という態度で、やたら酒を飲ませようとするし、酔わせてお持ち帰りしようとするし、もうほんとに最悪でした」。体育会系がみんな男尊女卑なわけではないし、体育会系に故郷の村を焼かれたわけでもないが、実際にイヤな目に遭っている女子が多いのだ。

私も大学時代、バイトの飲み会で体育会系の先輩に「うるせえなブス」「俺こんなブスと飲むのイヤだ」とか言われた。ピザ屋の彼女になってケツにサラミをぶちこみたいが、当時はショックで固まってしまった。

今の私なら「貴殿は私の訴訟に耐えられるかな?」とイキリオタクぶって、暴言を吐かれた精神的苦痛に対して慰謝料請求してやる。慰謝料はとれなくても、内容証明郵便を送るだけでも相手はビビるだろう。一方、大学生の私は「自分がブスだからいじめられるんだ」と思っていた。でもその先輩は女をいじめることで「俺の方が上だ」とアピールしたかったのだろう。当時、彼は後輩の男子のこともいじめていた。小柄でおとなしいタイプを狙っていたのは、弱い者をいじめることで「自分は強い、男らしい男だ」と証明したかったのだろう。

『ボーイズ　男の子はなぜ「男らしく」育つのか』に次のような記述がある。

「若い男性たちのあいだで（略）支配的でタフな男らしさを体現しようとする傾向は、うつ、薬物乱用、いじめ加害、非行、危険な性行為、性的満足度の低さ、パートナーへの虐待などと関連付けられている」

「逆に、男らしさのルールに同調しない男の子たちや、その基準を充分に満たせない、あるいは満たそうとしない男の子たちも、いじめのターゲットになったり、ばかにされたり、排斥されたりというリスクを負う」

この本を読むと、**有害な男らしさ**の実態がよくわかる。拙著『離婚しそうな私が結婚を続けている29の理由』に書いたが、うちの父親も男らしさの呪いのせいで自殺したのだと思う。

亡き父は「浪速の石原慎太郎」みたいな、有害な男らしさをじっくりことこと煮詰めたタイプだった。ゴリゴリの体育会系だった父は、ワル自慢や女遊びを武勇伝のように語っていた。かつ戸塚ヨットスクール方式で「おまえはナヨナヨしてオカマか！」と息子を殴って、「俺は我が子を谷底に突き落とす獅子だ」とか言うてたが、最期は飛び降り自殺エンドとなった。父は事業に失敗した自分を認められず、人生に絶望したのだろう。自分の弱さを認められず、誰にも助けを求められなかったのだろう。自分の失敗や弱さを認める強さが、彼には欠けていたのだ。

男社会が築いてきた男らしさの呪いに、男性自身が気づいて、手放すこと。男らしさのプレッシャーやストレスから解放されること。それは全人類の幸福と安全につながるんじゃないか。

大学生の私は何も言い返せなかったが、今の私は言葉の護身術を身につけた。今後、上下関係を押しつける体育会系に出会ったら「真に偉大な人間になるには、人々の上に立つのではなく、彼らと共に立たなければならない」とモンテスキューの言葉を返したい。

ついでに「ミネルヴァのふくろうは、迫り来る黄昏に飛び立つ。貴殿はこの言葉の意味がわかるかな?」とイキリオタク返しをキメたいと思う。

「失礼だろう！　どういうつもりだお前！」
逆ギレする人

我が人生最悪の逆ギレされ体験について書こうと思う。約10年前、東日本大震災のチャリティーイベントに参加した時のこと。イベントの打ち上げの現場で事件は起こった。そこには当時、神戸の市会議員だった50代の男性が参加していた。実名をさらしたいところだが、ここではOと表記する。

そのおお……じゃなくてOは地元の企業の何代目とかで、取り巻きっぽい連中を連れていた。そのうちの1人、ネトウヨっぽい男が酔っ払って、イベントのスタッフに大声でからみだしたのだ。

その場に止める人がいなかったため、私は男に近づいて「あなた迷惑ですよ、もう帰ったらどうですか」と言った。そいつはギャーギャーわめいていたが、私が「いいからもう帰りましょうよ」と瞳孔を開きながら腕をつかむと、渋々と席を立った。ちなみにこの時にお手本にしたのは、進撃のハンジさんである。

その時、突然Oがやってきて「まあまあ、キミは引っ込んでなさい、キミは女の子なんだから！」と言った。ハッ？　と面食らった私が「いや、あなたそう言いますけど黙って見てたじゃないですか」と返すと、Oは「あなた？！！！」と激昂したのだ。

「あなたって失礼だろう!!　どういうつもりだおまえ！！！」

（゜Д゜）ﾎﾟｶｰﾝという顔文字は、こういう時に使うのだろう。私は「そうか、このおっさんは年下の女から『先生』じゃなく『あなた』と呼ばれたことにキレているのか」「自分の方が絶対的に上だと思っているから、私が対等な口をきいたのが許せないんだな」と理解した。

そこへ取り巻きの連中が「まあまあ、先生」と止めに入った時も「あなたは失礼だろう!!」とOは怒鳴っていて、「私のことはおまえって言いましたよね？」という私の言葉は無視された。

拙者は激おこのブッコロ助になっていたが、騒ぎが大きくなると周りに迷惑をかけてしまうと思って我慢した。その後イベントのスタッフから「ありがとうございます」「スッキリしました」と言われたが、私は全然スッキリしなかったし、いまだにモヤモヤを引きずっている。それは、その場でちゃんと怒れなかったからだ。

当時の私は空気を読んだわけだが、空気なんて読まなくてよかった。だって私は理不尽に罵声を浴びせられた被害者なのだから。あの場でOに対して「あなたこそ失礼ですよね？　私に怒鳴ったことについて謝罪してください」と言うべきだった。そこでさらに逆ギレされても「有権者に向かってよくそんなこと言えますね？　勇気ありますね、あなた」ぐらい言ってやればよかった。それができなかったのは、空気を読むクセがついていたから。かつ、私の反射神経が鈍かったからだ。もし私がハンジさんだったら、その場で毅然と抗議しただろう。または反射的にうなじをそぐか、「いらないのは右と左のどっちの睾丸？」と拷問用の締め具のネジを回しただろう。

普段から反射神経を磨いていないと、予想外の逆ギレに混乱してポルナレフ状態になってしまう。また「空気を読むのが正しい」と刷り込まれていると、言いたいことを言えないポイズン状態になってしまう。

私が10年たってもモヤモヤを引きずっているのは、怒れなかった自分に無力感を感じたからだ。だからこそ、**今は心に誓っている。怒るべき時にはちゃんと怒ろうと。それは自分のためでもあるし、自分以外の人のためでもある。**

私が怒ったところで、50過ぎたおっさんの価値観は変わらないだろう。でも「有権者に向かってよくそんなこと言えるな、タダですむと思うなよ！」と本気で怒れば、相手をビビらせることはできただろう。そうすれば、相手の行動を変えることはできたかもしれない。そいつが今後、他の女性に「あなたって言うなー！！！」と逆ギレしなくなれば、人類にとっての大きな進撃になる。

怒るべき時に怒らないと、自分の権利は守れない。けれども日本人は「怒ることは悪いこと」と刷り込まれている人が多く、これは権力者にとって実に都合のいい話である。民草が「自己責任」「怒るなんてワガママ」と刷り込まれていれば、権力者は批判されずにすむ。「自分の頭で考えず、お上に従った方が楽」と思考停止してくれれば、やりたい放題できるだろう。

男尊女卑ダンジョン・ヘルジャパンでは、怒る女は特に叩かれる。私もかつては「女は笑顔で愛想よく」「セクハラされても笑顔でかわせ」と洗脳されていた。

韓国のオーディション番組で、男性の審査員が「あなたは練習生の中で最年長ですね」と発言した瞬間、女性の審査員たちが「何の関係があるのよ」「年齢は関係ないわ！」と一斉に怒った。怒られた男性はタジタジになっていて、女性を年齢で判断するのは間違いと学んだだろう。

また、ドイツに住んでいた女友達が「日本に帰国して、平気で失礼な発言やセクハラをしてくる男が多くてギョッとした」と話していた。「ドイツの女性はバチバチに怒るから、男性もナメたことできないのよ。そういう社会だと、ナメたことする男は男からもバカにされるんだよね」とのこと。

日本の女性は怒り慣れていないため、いざという時に怒れないんじゃないか。理不尽に攻撃された時は「いともたやすく行われるえげつない行為（D4C）」並みのスピードと破壊力が必要だ。そのためには、怒るトレーニングが大事だろう。

逆ギレする人や怒鳴る人は、相手を威圧して怯えさせたいのだ。彼らがそんな言動に出るのは、こちらのことをナメているから。おお……じゃなくてOにしても、私がメルケル元首相だったらへいこらしたに違いない。また私が屈強なプロレスラーだったら怒鳴らなかったはず。私のことを地位も権力もない若い女、自分より弱い存在だと思ったからキレたのだ。つまり逆ギレする人は、卑怯な小心者なのである。

そんな相手に対しては、**意表を突いてビビらせるのが効果的。**たとえば「笑う鬼の方が怖い」作戦で、怪盗とかがよくやるやつがおすすめだ。

逆ギレされたらうつむいて肩を震わせてから「くっ……くく……フハハハハ

ハ！　ハーハハハハハハ！」と狂ったように笑ってみよう。そして「諸君はまんまとしくじったようだね……1週間後、何が起こるか楽しみにするがよい……さらば！」とマントをひるがえして去れば、相手は1週間は怯えて暮らすだろう。

また、人を肩書きで判断するタイプには「クスクスクス、私が誰かご存じないようですわね？」とハッタリをかまして「追って使いの者をよこしますわ、ホーホホホ！」と馬車で去るのもいいだろう。

要するに**「ナメられたら、即ビビらせる」ことが肝心なのだ。**私もOに向かって「あなたの暴言について市議会に抗議します」「貴殿は私の抗議に耐えられるかな？」とイキリオタクぶればよかった。

そしてあの時、ツイッターをしてりゃよかったなと思う。当時の私はまだツイッターをしていなかったが、今なら彼の暴言を実名でさらすことができる。こちとらフリーランスの野良作家だから腹にダイナマイトを巻いてぶっこめる。むしろ困るのは、社会的地位や失うものが多い彼の方だろう。ツイッターのような、声を上げても直接殴られないツールが普及したことは素晴らしい。

当時の私は「生霊の飛ばし方」でググって試そうかと思ったが、さすがに平安すぎるのでやめた。そこで「風評を流す」という戦国時代の忍者みたいな作戦に出た。風評じゃなく事実だが、「ありのまま起こった事を話すぜ！」と会う人全員にO議員の件を言いふらした。

すると新聞記者や地元のメディアの人々から聞くのは「あの議員最悪ですよね、めちゃめちゃ評判悪いですよ」とそもそも悪評しかなかった。そして地元のバーのマスターから「泥酔したOに店のトイレを壊された」という話を聞いた。「弁償してくれと連絡したけど無視されました」という言葉に「そんなボケナスでも議員になれたんだもんなあ」と暗澹たる気持ちになった。

現在のOは政治家ではなく、金持ちの民間人として暮らしている。「『ブッ殺す』と心の中で思ったならッ！　その時スデに行動は終わっているんだッ！」とプロシュート兄貴も言っていたのに。

結局、私は何もできなかった。あんなボケナスにもう関わりたくない、不愉快すぎる記憶だから忘れたいと思っていたのだ。でも10年以上たっても忘れられないし、後悔するぐらいなら戦えばよかった。俺は弱虫のマンモーニだ……とうつむいていたら、弁護士の太田啓子さんが「1人で戦うのは難しいよ」とアドバイスをくれた。

「一番大切なのは、味方を作ること。セクハラやパワハラを受けた場合も、周りに相談して協力を求めてほしい。加害者に対して第三者が『それはダメですよ』と注意するだけでも、すごく効果的だから」

「精神的に追いつめられるので、孤立するのが一番よくない。だから味方を作って戦って、それでも解決しなくて困った時は弁護士に相談してほしい」

皆さんも「味方を作って戦う」「弁護士さんに相談だ」とメモってほしい。私も「いらないのは右と左のどっちの睾丸？」と暗唱しながら、怒（おこ）トレに励みたいと思う。

トンデモ系の人

「子宮の声を聞かなきゃダメよ」

私は40歳の時に子宮全摘手術を受けた。

その詳細を綴った体験記「子宮全摘シリーズ」（『離婚しそうな私が結婚を続けている29の理由』収録）は、連載当時たくさんの反響をいただいた。婦人科系の病気を抱える女性たちから「子宮をとってもビッシャビシャ！　とか赤裸々な話を知れてよかった」と感想をもらったのは、特に嬉しかった。

数年前に、子宮系女子が話題になった。子宮＝女性性の象徴として崇めて、銀英伝の地球教みたいに熱狂的に臓器崇拝している人々だ。「子宮の声を聞くと願いが叶って幸せになる」「病気になるのは子宮が怒りをためこんでいるから」

そんなトンデモワードを見ると、いっそ臓器を擬人化した乙女ゲーを作ったらどうかと思う。「胆のうは短気でキレやすく、すぐに短銃を出す」みたいな設定で。

スピリチュアル&自然療法は、コンソメ&パンチやTIGER & BUNNYのような名コンビだ。

子宮筋腫がらみのネット記事や書籍には、玄米菜食・ヨガ・ベリーダンス・アロマ・ホメオパシー・冷えとり等が紹介されている。それらで体調が良くなることはあっても、もちろん病巣を直接治すことはできない。

「ヨガで虫歯が治る」と言われたら「治らんやろ」と真顔で歯医者に行くだろう。一方、子宮系の病気は「自然療法で治したい」と手術や治療を拒んだ結果、症状が悪化する患者さんも多いらしい。

私も「子宮をとって体調良くなって最高ですよ」と知り合いのおじさんに話したら「でも女性としてはつらいだろう」と言われて「それ盲腸とった人にも

言います？」と返した。**子宮をとると女じゃなくなる的な価値観の根っこには、「妊娠出産するのが女の価値」というジェンダーの呪いがある。**

その手の呪いをばらまく人には「貴様は金玉とディベートでもしてろ」と金玉返しをキメるもよし。それができない場面では「そういう呪いのせいで、手術や治療を拒んで命に関わる患者さんも多いそうですよ」と冷静に教えてあげるといいだろう。

トンデモ系から身を守るには、正しい医学知識を得ることが一番だ。ツイッターで信頼できるお医者さんのアカウントをフォローするのもいいだろう。トンデモ系について検証した、山田ノジルさんの『呪われ女子に、なっていませんか？』（KKベストセラーズ）もぜひ参考にしてほしい。

女性陣にヒアリングしたところ、さまざまな体験談が寄せられた。

「父親が自然療法信者で、予防接種も受けさせてもらえませんでした。インフルエンザで高熱を出した時も謎の砂糖玉を飲まされたり、謎の温灸治療器をあてられたり。それで何度も死にかけて、私自身は医学の道に進みました」

「子どもの頃からアトピーがひどかったのに、母親が『ステロイドは悪』信者でいろんな民間療法を試されました。謎の炭酸風呂につけられて全身が腫れあがったり。大人になって皮膚科に通って治療したら、アトピーは改善しました」

謎の炭酸風呂につけられたら、男塾の富樫でも「いい湯だったぜ」とは言えないだろう、と冗談言ってる場合じゃなく、子どもに標準治療を受けさせないのは虐待だと思う。


「母親が自然派マルチにハマって周りに勧誘しまくるせいで、白い目で見られてつらかった」といった声も耳にする。「母はそれで友人が離れていって孤立化して、ますますハマってましたね」とのこと。

私も何度かマルチの勧誘を受けたが、相手が金儲け目的なら「ところでこんな商品があるんだけど」とパンフレットを見せる**ネズミ返し**で対抗できる。むしろ純粋な善意で勧めてくる人の方が対処に困るものだ。

「友人が『砂糖は悪』信仰にハマって、私が妊娠中に『妊娠中の食事で子どもの性格や発達が決まるのよ』と本を5冊も送ってきました。送り返すわけにもいかず、その彼女とは距離を置くことにしました」

お礼に和三盆を送るなどトンチで返してもマジギレされそうだし「友達なくすし、やめた方がいいよ」と助言して逆恨みされても困る。なんとか本人が気づいてくれないものか……と一休さん顔でポクポクしてひらめいた。**アナル返し**はどうだろう？

以前ネットで「肛門日光浴が海外のSNSで話題」という記事を読んだ。太陽に向かって全裸でまんぐり返しポーズする欧米人のインスタが載っていたが、これができる時点で死ぬほど健康な気がする。

日光浴するとビタミンDが増えて骨粗しょう症の予防になり、セロトニンも分泌されるらしい。日焼けはしたくないけど、陰部だったらまあいっかと思える。もともと黒ずんでいるし、誤差の範囲だろうと。

おまけに日光はタダである、けれども「どこでやるか」が問題だ。マンションのベランダでやったら向かいのマンションの住人から通報されそうだし、肛門を目撃した側に健康被害が出るのも避けたい。

これは別荘やプールを所有するセレブ限定の健康法なのか……と考えていると、タワマンの高層階に住む友人宅にお呼ばれして、ガラス張りのリビングで「肛門日光浴にピッタリだ！」と叫んだら「近くを飛行中のヘリコプターが墜落するかもよ？」と返された。

だったら私はどこで肛門を出せばいいのか、やっぱり銭湯の露天風呂？ でも出禁になったらイヤだなあ……と考え続ける日々である。

というわけで、トンデモ系の人には「肛門日光浴って知ってる？」と話し続けるといいだろう。「今度試してインスタに上げようと思うの」と言えば「友達なくすし、やめた方がいいよ」と逆に相手が止めてくれるかもしれない。

「肛門の声が聞こえるようになった」「肛門が叫びたがってるんだ」「俺のアナルモノローグを聞いてくれ」と訴えれば「私もこんな感じなのかな、ヤバいな」と正気に戻るかもしれない。

万一、相手が「イイネ！　やってみよう」と実践しても、陰部が日焼けするぐらいで健康被害はなさそうだ。え、肛門ってすごくない？　万能かつ偉大な存在じゃない？　ひょっとして神……??
私が肛門教を布教し始めたら、全力で止めてほしい。

トンデモにハマる人に「それって科学的根拠はあるの？」とマジレスしても「あなたは科学万能主義に呪われている、それは子宮の声を聞かないから」と逆に布教されがちだ。そんな相手には**布教返し**で対抗しよう。
子宮の声云々と言われたら「あ、それ系が好きなんだ！　だったら『ちんつぶ』がおすすめ！　修学旅行のバスが珍古神社に突っ込んで男子高校生の局部が入れ替わる話なんだけど、声優さんのちんこの演技が……」と早口でろくろを回せば「こいつ人の話を聞かない奴だな」と相手は萎える。

人の話をちゃんと聞いてあげる女子が、厄介な人にからまれやすい。なので

「冷えとりにハマってて」と言われたら「そうなんだ！　私はヒプマイにハマってて……（ろくろを回す）……今度ＣＤ貸そうか？」と布教しよう。

それで相手が新たな沼にハマれば、脱トンデモするかもしれないし、みんながハッピーになる策である。

女友達は「職場でオタクを公表したら、厄介な人にからまれなくなりました」と語る。

彼氏は？　結婚は？　とウザいからみをされたら「それより推しに夢中なんで！　これこの前のイベントの時の写真なんですけどヤバくないですか？　うちの推しヤバすぎません？」と早口でしゃべりまくると、相手は「しまった」という顔をするらしい。

「私は推しの話ができて楽しいし、相手は二度とからんでこないし、いいことずくめです」と彼女。また「マルチの勧誘とかもされたことないんですよ。私が推しに課金しまくってオタ活が忙しいのを知ってるから、こいつはハマらないとスルーされるみたいです」とのこと。

やっぱりオタクは最強だ。なによりオタク女子はハチャメチャに楽しそうなので「つけいる隙がない」と思われるんじゃないか。**トンデモ系やスピリチュアルは、人の心の隙につけこむものだから。**

以前「良縁を引き寄せるスピリチュアルBOOK」的な媒体から原稿依頼がきて「宛先を間違えたんじゃ?」と二度見した。私がスピに否定的なのは、その危険性を実感しているからだ。「占いで彼が運命の人だと言われたの」と、だめんずにハマる女子などをいっぱい見てきた。

20代の頃に北半球一のだめんずと付き合っていた女友達は、スピ沼にずぶずぶとハマっていった。謎の石や鈴や札に大金をつぎこみ、「身につけてないと悪いことが起こるから、忘れたら家にとりに帰るの。それでよく会社に遅刻しちゃうんだよね……」とうつろな目で語る彼女を「こいつはヤベえ」と心配していた私。

それでもスピトークをスピードラーニング方式で聞き流していたのは、彼女がこちらに勧めてきたりはしなかったから。そしてなにより「今はつらい状況なんだな」とわかっていたからだ。つらい状況にいる人は、何かにすがりたくなるもの。そんな人の弱みにつけこんで商売する奴が一番悪い。

その彼女も今では幸せな結婚をして二児の母となり、「あの石や鈴や札はどうしたの？」と聞くと「どこいったんだろ？　引っ越しの時に捨てたかも」と話していた。友達が怪しげな沼にハマるとショックだし、距離を置くこともあるだろう。でも本人の状況が変わって正気に戻り、友情が復活することもある。

かくいう私も恋愛地獄沼にいた頃は、占い行脚にハマっていた。「どうすれば伴侶にめぐりあえるの？　誰か正解をくれよ！」と切羽詰まっていたからだ。でも夫と出会った時は、占いに行こうという発想すら浮かばなかった。「この人でいいんでしょうか？」と赤の他人に聞かなくても、自分の決断を信じられたから。

トンデモ系にハマるのは、心に不安がある時だろう。そういう時は自分の不安を真正面から見つめて、占い師や子宮の声を聞くんじゃなく、信頼できそうな友人やカウンセラーに相談してほしい。

人はみんな何かに依存して生きている。真の自立とは依存先を増やすこと、という言葉もある。**タコ足配線でちょっとずつ誰かや何かに頼ることで、心のバランスを保つ。それが一番健康的な状態なんじゃないか。**そして心のバランスが崩れることは誰でもある。そんな時には「心の杖」が必要で、依存先をちゃんと選ぶことが重要なのだろう。

私の母は酒に溺れて拒食症をこじらせて亡くなった。私自身も若い頃は酒やセックスに依存していた。そんな依存しがちな自分を知っているから、薬物報道を見ると「他人事じゃねえな」と思う。

またいつか心のバランスを崩しそうになったら、太陽に向かってまんぐり返しをキメたいと思う。

「ポテサラぐらい作ったらどうだ」説教する人

アルテイシアは激怒した。かの邪智暴虐を除かねばならぬ（グレッチで）と決意した。それは30代の女友達からこんな話を聞いたからだ。

彼女はシングルマザーとして働きながら1歳の娘を育てており、1人の時間が全くない状況である。

「休日に一時保育を利用できれば助かるかも、でも子どもを預けることに罪悪感がある」と悩んだ彼女は、行政の育児相談窓口に相談してみた。すると相談員から「1人の時間がないのは当たり前、今は自分は犠牲にして我慢するべき、1人で育てると決めたならがんばらなきゃ」とクソ説教をかまされたという。

自分はワガママなのか……とショックを受けた彼女は罪悪感が強くなり、人に相談するのが怖くなったそうだ。

アルテイシアには育児がわからぬ。が、彼女が限界ギリギリまでがんばっているのはわかる。世の中には誰にも頼れないママたちがいて、追いつめられた末に自殺や虐待につながってしまうケースもあること、そんなママたちがどう支援につながれるか？　が議論されていることも知っている。

追いつめられた母親をさらに追いつめる説教をした相談員は、きわめて有害だ。彼女は言い返す気力もなかったそうだが、「それはクレームを入れた方がいいよ」と私は伝えた。そして相談所の玄関の前でウンコしてやろうかと思った。

ろくな知識もなく価値観をアップデートできない奴に限って、偉そうに説教してくる。その相談員も「子育ては女の仕事」「母親は子どものために犠牲になるべき」という価値観なのだろう。もし相手がシングルファーザーだったら同じ説教をしただろうか？「1人で子育てして大変ですね」と労いの言葉をかけたんじゃないか。

以前、ツイッターでポテサラジジイが話題になった。総菜売り場で子連れママに「母親ならポテトサラダぐらい作ったらどうだ！」と説教したジジイのケツに男爵芋をぶちこみたい。女友達もコンビニでカップ味噌汁を買っていたら「味噌汁ぐらい作れ、女野郎！」と怒鳴られたそうだ。おんなやろう。

赤の他人にポテサラや味噌汁を作らせたがるジジイも「料理は女の仕事」というジェンダーロール押しつけ隊だ。**通り魔的に説教をする彼らは、ぶつかりおじさんと同様「女＝自分より弱い存在」と思って攻撃してくる。**ポテサラを買ったのがギャビ・ガルシアだったら、絶対何も言わないだろう（ギャビ・ガルシアでググると、ラオウみたいな素敵なお姉様が出てくるよ！）

タクシーハラスメントが話題になっているが、ドライバーからの説教も多くの女子が経験している。女性陣にヒアリングすると「こんな時間まで飲み歩くなんて」「男に襲われても文句言えないよ」「こんな遅くまで働けるなんていいご身分だね」と言われた、といった声が寄せられた。

未婚女子は旅行中に「いい年して女だけで遊んでたら嫁《い》き遅れる」と言われて、既婚女子は「旦那置いて旅行するなんて、俺の若い頃なら叱られてたよ」と言われたそうだ。背後からグレッチでうなじをそぎたいが、密室で逃げ場がない状況だと曖昧な笑顔で返すしかない。

私も「こんな色っぽいお姉ちゃん乗せられてラッキーやわ」とセクハラ発言された時、曖昧な笑顔で返した。後部座席でそっとウンコを漏らしたかったが、そう自在に漏らせるものでもない。


客の性別で態度を変えるドライバーは、男性には見えない存在なのだろう。


女友達が夫に「私1人の時は運転手さんはタメ口で話すのよ」と言ったら、夫は驚いていたそうだ。

ヘルジャパンでは、女はタクシーに乗るだけでも武装しなければならんのか。

ちなみにこれが私の考えたナメられないファッションである（238ページの画像）。

首からしゃれこうべや生首をぶら下げるのがおすすめだが、難しい場合はゴツめのアクセサリーなどで武装しよう。

タクシー説教対策として、俺にかまうなアピールも効果的。地獄のミサワをお手本に「2時間しか寝れないわ〜つれえわ〜」と言って、寝たフリをする。「仕事の資料多すぎ〜つれえわ〜」とスマホでツムツムをする。スマホで話すフリをして「アサインされたマターのバジェットにアグリーです」とイキるもよし。

「設置してあるアンケートに手を伸ばすと黙るらしいですよ、会社にチクられると困るんで」「失礼な接客をされたら、貼ってある名前と顔写真をスマホで撮ってクレームを入れましょう」というアドバイスももらった。泣き寝入りせずにクレームを入れることで、タクハラ撲滅につながるかもしれない。

職場の説教ハラスメントも撲滅したい。

20代女子はおじさん上司にお酒が好きと話したら「嫁入り前の娘なのに」と

説教されたそうだ。彼女は「なんでお酒好きじゃダメなの？　出家前だったらわかるけど！」とキレていたが、その上司の頭蓋骨を木魚のバチでリズミカルに砕きたい。

一方、30代女子は「30過ぎてるんだから早く子ども産まないと」と説教されるそうだ。令和になっても「女は結婚出産するべき」というジェンダーロール押しつけ隊が存在する。

私も30代の時、婦人科で医者のジジイに子ナシ希望と伝えたら「子ども産まなきゃ後悔するよ！」と説教されたことがある。膣にクスコを突っ込まれた状態で「黙れ老GUY」と足の指で目を突くのは難しい。その時も曖昧な笑顔で返してしまったことを後悔している。

私がスルーしたことで、新たな被害を再生産したと思うから。あの場でちゃんと「あなたの意見を押しつけられるのは不愉快だ」と抗議して「ネットに書くぞ」と脅せばよかった。または「後悔って……何かね？」と**菅原文太返し**をキメて、カボチャで殴打すればよかった。そのために首からカボチャをぶら下げていけばよかった。

クソ説教する人々は、自分が気持ちよくなりたいだけなのだ。そんな奴らの自慰行為に付き合うなど真っ平だし、笑顔で返すと「ありがたがってる」とさらに調子に乗らせてしまう。

なので女子は反射的に笑顔を出すクセをやめよう。「嫁入り前の娘なのに」と説教されたらラオウ顔をキメるか、ハシビロコウ顔で相手をまじまじ見つめよう。「どういう意味ですか？」「それ独身男性にも言いますか？」と質問返しするのもおすすめだ。

もしくは、ツイッターのクソリプをお手本にしてみよう。

・マンスプ返し

マンスプレイニング（Mansplaining）とは、男性が女性に偉そうに説教すること、上から目線で説明することを指す言葉だ。

「早く子ども産まないと卵子がどーのこーの」と説教されたら「〝子どもをも、

生命をも、その他のことをも真理以上に重視するようなことをするな〟というソクラテスの言葉があるんですが」と説明して「あなたにはちょっと難しかったかな（苦笑）」と世界一ウザい返しをしよう。相手がムッとしたら「東京のおじさん、どうした？」とウザさを盛るといいだろう。

・シーライオニング返し

シーライオニング（Sealioning）とは、礼儀正しく誠実なふりをして、しつこく質問を繰り返すことを指す言葉だ。相手を疲弊させて時間を浪費させることが目的なので、私はその手のクソリプは速やかにブロックする。下手に相手をすると粘着されて厄介だから。

これを説教対策に応用すると「30過ぎてるんだから早く子ども産まないと」と言われたら「その根拠はなんですか？　リソースは？　エビデンスは？」とネチネチ質問を繰り返そう。相手がムッとしたら「冷静になってくださいよ（苦笑）」「議論から逃げるんですか（苦笑）」と宇宙一ウザい返しをしよう。逆にこちらが質問されたら「興味があるならググってください」とピシャリと返そう。

・ワタバウティズム返し

ワタバウティズム（Whataboutism）とは、Aについて話しているのに「だったらBはどうなんだ」と論点をずらして、相手の発言を封じようとする手法である。これはトランプ元大統領の得意技としても有名だ。

たとえば痴漢被害の話をしているのに「冤罪もあるだろ、それはどうなんだ？」と返してきたり、女性差別の話をしているのに「ウイグル差別はどうなんだ」と返してきたり。この手のクソリパーはつねにフェミニストに粘着しているので、フェミニストのことが好きで好きでたまらないのだろう。

好意に応えられなくて恐縮だが、これもウザいので秒でブロックしている。日常生活でワタバウティズムを受けたら「今その話はしてないし、論点をずらすな」とピシャリと返そう。

こちらを説教対策に応用すると「子育て中に1人の時間がないのは当たり前」と説教されたら「だったら出家中はどうなんだ！」と返して、相手をびっくりさせよう。それから「出家って……何かね？」と菅原文太返しをして、首からさげた木魚をポクポク叩けば、相手はパニックになるはずだ。

私もクソ説教にはクソリプ返しでギャフンといわせて、邪智暴虐をとっちめたいと思う。

「友達なのに聞いてくれないの?」
愚痴を言う人

初めに断っておくが、愚痴=悪ではない。むしろ愚痴を言うことは大事である。ウンコと同様、ネガティブな感情をためこむと病気になるため、言葉にして吐き出した方がいい。そうやって適切にストレス発散することでメンの健康を保てるのだ。

愚痴は大事だからこそ、ルールとマナーを守ることが肝心。皆さんも経験があるんじゃないか? 会うたびにえんえん愚痴を聞かされて「俺は便所じゃねえんだぞ」とうんざりしたことが。いつも一方的に愚痴を聞かされる方はしんどいもの。それを理解しない人は愛想をつかされて、人が離れていくケースが多い。

そうならないために、私は次のルールを実践している。

・「今から愚痴を言ってもいい？」と相手に断ってから話す。
・一方的に自分ばかり話さず、相手の話もちゃんと聞く。
・相手の意見やアドバイスには、真摯に耳を傾ける。
・エンドレスにだらだら話さず、20分程度におさめる。
・「愚痴を聞いてくれてありがとう」と感謝を伝える。
・1人に依存しないようにして、愚痴を言える相手を何人か持つ。

これらを心がけていれば、愚痴を言っても嫌がられることはない。つまり**愛想をつかされる人は、愚痴を言うことが問題なんじゃなく、気づかいがないことが問題なのだ。**自分のことしか考えていない、自己中心的な思考によって人が離れてしまう。

このように手厳しく書くのは、自分も若い頃にやらかしたから。その反省もふまえて、愚痴を言う人対策を考えてみたい。

私も友達に愚痴を聞いてもらって救われたし、自分も役に立ちたいと思う。とはいえ何度も同じ場所に戻るダンジョンのように、ぐるぐる同じ話を聞かされるのはしんどい。そこで「ぐるぐる同じ話をしてごめんね」と気づかいがあるといいが、「友達なのに聞いてくれないの?」という態度の人もいる。

でも本当に大切に思っている友達なら便所扱いはしないだろう。こういうタイプは基本、人の話を聞いていない。こちらの言葉はスルーされてえんえん愚痴を聞かされると、のれんに腕押し的な徒労感を覚える。

またこちらが意見を言うと逆ギレされたり、「あなたにはわからないわよ!」と八つ当たりされたりもする。その手の人は「人間関係はギブアンドテイク」という基本をわかっていないのだ。「あなたがつらい時は話を聞くね」と言いつつ、結局いつも自分ばかり話していることに気づいていない。

愚痴聞き係に任命されがちな人は「私、便所扱いされてない? これって利用されてるだけでは?」と自身に問いかけてほしい。そこでイエスと答えが出たら、ベンキマンのように頭にウンコをのせよう。すると相手はびっくりして逃げるはずだ。

もしくは「なんか大変そうだねー（棒）」と言って、愚痴聞き代行サービスを紹介しよう。ネットで調べたところ、対面だと3時間12000円、電話だと1分100円が相場だった。愚痴聞き代行サービスを紹介することで「あなたのやってることは、本来は金を払うようなことなんやぞ」と相手に気づかせられるかもしれない。または「カウンセラーに相談したら?」と勧めるか「この本を読んでみたら?」と参考文献を紹介するのもアリだ。

関係が切れてもいい相手なら、ノーリアクション侍を貫こう。「うんうん、そっか、大変だね」とリアクションしてあげる女子が厄介な人にからまれやすい。なので「………」と三点リーダーでゴルゴ顔をキメよう。

〇〇の話しかしない人、になるのも手である。たとえば彼氏の愚痴をえんえん聞かされたら「それBLで見たやつ」と瞳孔を開いて「この作品の受けと攻めの関係がマジで神」とえんえんBLの話をしよう。または「そっか……そう考えると、やっぱり猫は神だよね」と猫の話に回収しよう。「猫ならワガママも許せるし、むしろ奴隷にさせてもらって感謝したいぐらいだし、ちなみにこれがうちの神」とおキャット様の画像を見せれば、全人類が笑顔になる。

本気で嫌われてもいい相手なら、マンスプ返しがおすすめだ。おじさんが得意なマンスプをお手本にして「シェイクスピアの作品に『恋はまことに影法師、いくら追っても逃げていく、こちらが逃げれば追ってきて、こちらが追えば逃げていく』という言葉があるんだけどね」とえんえんウンチクを語れば、避けられること間違いなしだ。

愚痴返しやノロケ返しも効果的。「そっか、大変だね、実はうちの彼氏もワガママで……」とえんえん愚痴を返せば「一方的に聞かされる方はしんどいんだな」と相手も気づくかもしれない。最後に「彼氏は二次元なんだけどね」と付け足せば「やだ怖い」とビビらせることも可能。「大変だね、うちの彼氏はどんなワガママでも聞いてくれて……」とノロケ返しをキメて「二次元なんだけどね」と結ぶもよし。

ポンポン言葉が出てこない人は「実は今、手品に凝ってるんだよね」と口から国旗を出そう。そして「手品教室に行かなきゃ、さらば！」と鳩を飛ばしながら立ち去ろう。

要するに「相手が誰でもちゃんと話を聞いてあげなきゃ」と思う必要はないのだ。話を聞くか聞かないかを選ぶ権利は自分にある。それを胸に刻んで、ヤバい人に狙われないようにしてほしい。

一方、大切な友達がモラハラやパワハラ等に遭っていたら、話を聞いてあげたいと思う。とはいえ何度も同じ話を聞かされるのはしんどいし、「なんで別れないの？」「もう会社辞めたら？」とつい言いたくなってしまう。けれども、そういう人は学習性無気力（強いストレスを受け続けて、逃げる気力すら失う状態）になっている場合が多い。そこで「なんで逃げないの？」と責めてしまうと、相手はさらに追いつめられる。

そんな場合は、専門機関を紹介するのがおすすめだ。「モラハラする人」

(158ページ)に書いたように、専門知識のあるプロにつなげるのがベストだろう。なので「電話で話だけでも聞いてもらったら?」と言って、DV支援団体や労働弁護団等を紹介しよう。女性相談センター等の総合的な窓口もあるので、そちらを教えてあげてもいいだろう。

親子ガチャが大ハズレだった私が毒親トラブルを乗り越えられたのは、愚痴を言える場所があったからだ。「大変だったね」「つらかったね」と聞いてくれる友人たちのおかげで、ダメージから回復することができた。

女同士は愚痴コミュニケーションが得意だと思う。つらい気持ちを吐き出して「わかる」「つらいよね」と理解・共感し合うことでストレス発散できる。それに比べて、男同士はあまり愚痴を言い合わない。「男は弱音を吐くな」「弱みを見せるな」という男らしさの呪いから「自分で解決しなきゃ」「人に頼っちゃダメだ」と1人で抱え込み、追いつめられる男性は多いんじゃないか。

彼らは「愚痴を言っても解決しない」というが、ストレスや不安が強くなると思考力が鈍って、適切な判断ができなくなる。愚痴を言ってメンのヘルスを保つことで、解決に向けて動けるのだ。

また、感情を言語化するのが苦手な男性も多い。それは「男はくよくよするな」「感情より理性を優先しろ」と刷り込まれて、自分の内面と向き合った経験が少ないからじゃないか。自分の感情がわからないと、他人の感情もわからない。自分の感情を大切にしないと、他人の感情も大切にできない。感情を言葉にできないと、他人と深いつながりを築くことも難しい。

そういう面で、私は女に生まれてよかったなと思う。私が主催するコミュニティ「アルテイシアの大人の女子校」には、愚痴を書き込む用の「愚痴のお焚き上げスレ」が存在する。吐き出せてスッキリした、コメントをもらって元気が出たというメンバーの声を聞くと、人には安心して愚痴を言える場所が必要だと実感する。

「親が遺体で発見されたんだよね」みたいな大ネタじゃなく「上司がクソなんだよね」といった日常の愚痴もこまめに吐き出して、毒素を排出した方がいい。

とはいえ、マンツーマンで愚痴を言うのは案外ハードルが高い。相手も忙しいだろうし、私より大変な状況かもしれないし……と気づかいのできる人ほど遠慮してしまうもの。よって、**複数の友人と愚痴用LINEグループを作るのがおすすめだ。**自分も愚痴を書くことでスッキリするし、他人の愚痴を読むことで「みんながんばって生きてるんだな」と励まされるから。

「愚痴と排便は大事」を合言葉にして、ルールとマナーを守りながら愚痴を言い合ってほしい。

「冗談なのにマジギレすんなよ（笑）」

イジる人

私は女子校から共学の大学に進んだ時にイジリの洗礼を受けた。男子から「ブス」「デブ」「モテないだろ」とイジられて傷ついたが、男子のコミュニケーションってこうなんだ、これに馴染まなきゃいけないんだ……と思っていた。でも、あれは単なるイジメだったと思う。彼らは言い返せなさそうな相手を選んでやっていたから。

イジリの厄介な点は、イジメやハラスメントを「笑い」というオブラートで隠してしまうことだ。当時は私も「ひょうきんなブスでーす（ダブルピース）」と自虐して、笑いで返していた。それは「ブスだと自覚してるから、これ以上殴らないで」という自己防衛だった。でも自虐すればするほどナメられて、扱いがひどくなった。それで自尊心を削られた結果、過食嘔吐するようになった。

同様に、女子校から共学に進んだ友人は「お前みたいなブスに勃起する男いないだろ（笑）」と男子に言われたそうだ。「私がＤＶ男やモラハラ男と付き合ってしまったのは、自分みたいな女を好きになる男はいない、と呪いをかけられたからだと思う」と振り返る彼女。イジる側は冗談のつもりでも、それは人を一生苦しめる呪いになるのだ。

イジられる側に「気にしても無駄」「自分に自信を持って」と言う人もいるが、どう考えてもイジる側に問題がある。身体的な暴力は加害者が罰せられて当然なのに、言葉の暴力は「気にするな」と被害者が言われるのはおかしい。

「美人になって見返せばいい」とか言う人もいるが、それはイジメの被害者に「いじめられないよう努力しろ」と言うのと同じだ。変わるべきはイジメやハラスメントをする側、それを容認・助長する社会だろう。

イジリ問題は、テレビやメディアの影響も大きいと思う。見た目イジリ、非モテイジリ、性的イジリ、マイノリティイジリ……等を見て育った子どもたちは「イジメやハラスメントをしてもオッケー、むしろ笑いがとれる」と刷り込まれるだろう。

最近は若手のタレントが「そういう笑いは古すぎて笑えない」と意見したりして、少しずつだがアップデートが進んでいる。人権意識やジェンダー意識が低いと生き延びられない。メディアもその方向に変わっていくだろうし、その変化が早く進むことを願っている。

「男子のイジリ文化って何なんですかね」「女同士はあんなふうにイジリませんよね」そんな意見が女性陣から寄せられた。たしかに女同士で見た目イジリ、非モテイジリ、処女イジリ等をすることはあまりない。一方、男同士で「痩《や》せろよ」「だからモテないんだよ」「その年で童貞ってヤバくない？」とか言い合う場面はよく見かける。これも男らしさの呪いが根っこにあるのだろう。

「相手より優位に立ちたい」という競争意識から、相手を見下す発言をする。「女をモノにできない男は男社会で認められない」というホモソーシャルな価値観から、非モテをバカにする。それがインセル問題にもつながっている(インセル/恋人や性愛のパートナーがいない原因を女性に押し付け、女性嫌悪を募らせている異性愛の男性)。

攻撃的で乱暴なふるまいを「男の子だから」と容認する社会にも問題がある。

こうしたジェンダーの呪いを滅ぼすことで全人類が救われるんじゃないか……との思いから、バルスバルスと唱える我である。

また女同士と比べて、男同士はあまり褒め合わないと思う。女同士は「その服かわいいね」「その髪型似合ってる」とキャッキャウフフして「仕事がんばってて偉いね」「育児がんばってて偉いよ」と褒め合って、自己肯定感を高め合う。一方、男は男同士で褒め合わないから、キャバクラ等でやたらと褒められたがるのか。

某人気少年漫画に「目の前で男を褒める男は、ホモか策士《タヌキ》かどっちかだ」というセリフがあって「この時代によくこれがオッケー出たな」とびっくりした。この漫画自体は面白いのに、たまに時代遅れなジェンダー観が見えてがっかりする。

男同士が褒め合って仲良くしていると「ホモか！」とイジるおじさんがいまだにいる。また策士《タヌキ》という言葉には「男は他人を蹴落として競争に勝つべき」というジェンダー観が表れている。

男同士の「褒めずに落とす」コミュニケーションが、女性に対しても適用されているんじゃないか。漫画家の女友達は、初対面の男性漫画家に「その年で彼氏いないってヤバいやろ（笑）」と言われたそうだ。「同業者に対するマウント意識があったのかも。女を雑に扱える俺イケてる的なイキりも感じました」と振り返る彼女。

恋愛工学でもモテテクとして「ディスり」が提唱されている。それを真に受けて実践した男性読者から「好きな女の子が口をきいてくれなくなりました」と悲しい報告が寄せられる。

仲良しの男女間でからかいの言葉を交わすことはあるが、「イジったら仲良くなれる」と思っているなら大間違いだ。また仲良しであっても、イジられた側は内心傷ついていることも多い。「初対面で失礼な発言されたら『死ねクソが』としか思いませんよ」「普通に尊重してほしいに決まってますよね」と女性陣から盛大な膝パーカッションが寄せられた。相手に尊重されたければ、自分も相手を尊重するべき。九九でいうと一の段だが、コミュニケーションの基本のキを知らない人もいるのだ。

「握手会で女性アイドルに失礼な発言する男性ファンがいますよね？　なんで嫌われるってわからないの？」という女子の質問に「二次元と区別がついてないのかもね」と答えた私。

漫画やアニメでは「初対面は最悪の印象→実はいい人だと発覚、トゥンク」みたいな展開があるあるだが、それは二次元でCV津田健次郎だから許されるやつである。男性芸人が「女は優しい男が好きなんて嘘やろ、漫画では俺様やドSが人気やないか！」と謎にキレていたが、ちゃんと次元の区別をつけてくれ。

男子は好きな女子をいじめるもの、という文化も滅びてほしい。「男子にスカートめくりされた時、先生に『あいつはお前のことが好きなんだ、許してやれ』と言われた」という女子の声に「それな！　死ねクソが！」と膝パーカッションで地面が揺れた。

セクハラで訴えられた際に「相手を好きだったから」と言い訳する大人もいる。**「好き」という言葉でハラスメントを矮小化せず、絶対してはいけないことだと子どもに教えるべきだろう。**「意地悪しても好意は伝わらないし、嫌われるだけだよ」「二次元と区別をつけようね」ということも。

人前で彼女のことを「こいつバカだからさ（笑）」とイジる彼氏が不快、との声も寄せられた。これも「俺が上の立場だ」「女を雑に扱える俺イケてる」の合わせ技であり、そんな男と付き合うとサンドバッグにされるのが必定。

この手の男は言い返せないタイプを狙うので、「お前ってバカだよな（笑）」と言われたら「いらないのは右と左のどっちの睾丸？」とハンジさんに擬態しよう。


イジり被害を受けた場合は、どう対処すればいいか？　イジる人間はこちらが怒ると「冗談が通じない（笑）」「マジギレすんなよ（笑）」とヘラヘラするのでたちが悪い。**そんな相手には、全身全霊でドン引きするのがおすすめだ。**

「なにこいつ……脳みそ8ビットなの……？」とドン引きして相手を凝視する。または「まさか恋愛工学信者なの……？」と返せば、相手はギャフン（若年層ならぴえん）となるだろう。

強めの返しができない場面では、ハシビロコウに擬態しよう。

「…………」と無表情&無反応をキメれば、相手はひるむ。「こいつフンコロガシ以下の脳みそだな」という視線をイメージすれば、ハシビロコウみが深まる。私は神戸どうぶつ王国でハシビロコウに対面したが、岸辺露伴より動かない威厳のある姿を前にして、うっかり何かを自白しそうになった。

ハシビロコウ返しは、立場が上の相手にも効果的。

会社員時代、イジリをコミュニケーションと勘違いしている上司がいて、イジられるたびに自虐で返していたが、あんまりしつこいので「…………」と無表情&無反応をキメたら相手はめっちゃ狼狽していた。ストーカーやクソリパーと同じで、彼らはとにかく反応が欲しいのだ。FBIで人質交渉のトレーナーをする分析医が、厄介な人から身を守る方法として「反応しない」「返答しない」を徹底すること、と述べていた。

こちらを尊重しない相手を尊重してやる必要はない。そしてイジリもイジメと同様、周りが見て見ぬふりをしないことが大事だろう。

企業で管理職をする女友達が話していた。職場でおじさん上司が女性社員に「今日も旦那と子作りするのか？（笑）」と言った時、男性社員が「それセクハラですよ」と注意したそうだ。すると上司はバツが悪そうな顔になり、その手の発言を控えるようになったという。

友人いわく「その先輩は夫婦で不妊治療をしてたから、自分事として考えられたのかもね」とのこと。また「悔しいけど、女の私が注意しても『〇〇さんは怖いなあ（笑）』と茶化されたと思う。男尊女卑がしみついたおじさんって、男の話しか聞かないから」という言葉に「それな!!」と膝パーカッションしすぎて、俺の皿はもうボロボロだ。

皿が何枚あっても足りないぐらい、我らがヘルジャパンは男社会だ。だからこそ、男性も積極的に声を上げてほしい。「ストップ！　イジリ」と行動するアクティブバイスタンダーが増えることを願っている。こんなんなんぼあってもいいですからね。

「私なんてもうおばさんだし」自虐する人

初めに断っておくが、自虐が悪いわけではない。「イジる人」（248ページ）に書いたように、過去の私も自虐していたが、それは自己防衛の手段だった。でも**自虐すればするほど見下されて、自尊心を削られる結果になった。**

お笑いには「イジられた側が自虐で返す」という古典的な型がある。それを見た子どもたちは「人をイジると笑いがとれる」「イジられたら自虐で返すのが正解」と刷り込まれるし、それはイジメやハラスメントを容認・助長することにつながってしまう。

最近は女性芸人が「(自分をブスと言うような）自虐ネタはやめることにし

た」と発言したりしている。私もかつては自虐ネタを書いていたが、今は書かないようにしている。

「アルテイシアの熟女入門」という連載で加齢ネタを書く時も、あくまでJJ（熟女）あるあるネタであって、自分を卑下するような書き方はしていない。

私も含めて、みんなアップデートの途中なのだ。**あれは良くなかったなと気づいたら、その時点でやめればいい。過去は変えられないけど、未来の行動は変えられるのだから。**

日本人女性は特に、自虐がクセになっている人が多いと思う。己を下げることを美徳とする謙そん文化の影響もあるが、それ以上に日本は堂々と自信のある女性が叩かれる、男尊女卑の国だからじゃないか。

欧米に住んだことのある女性陣にヒアリングしたところ、次のような意見が寄せられた。

・移住した当時ついクセで自虐してしまったら、周りは困った顔をしていた。

「なぜそんなに自信がないの？」「もっと堂々と振る舞って」と注意されることもあった。親しい友人からは「そんなに自分を卑下しないで、私が悲しい」と真剣に言われた。

・欧米には「堂々と自信のある女性＝生意気」という価値観はなく、むしろ堂々と自信をもって振る舞うことが評価される。日本を出てみて、自分は日本社会で女性に期待される振る舞いをしていたことに気づいた。

これらの意見に涙目で膝パーカッションする我である。

私は中高と自主自立系のリベラルな女子校に通い、「自分の意見をハッキリ言おう」と教育を受けた。そこから共学の大学に進むと、男子からイジリという名のイジメを受けた。彼らは「女のくせにハッキリ意見を言うな」「わきまえない生意気な女め」と思っていたんじゃないか。女子校は「女生徒」ではなく「生徒」と呼ばれて、「女」じゃなく「人間」として生きられる、男社会からの避難所みたいな場所だった。

前出の女性陣からはこんなエピソードも寄せられた。

・日本は「愚妻」などとパートナーを下げる文化があるが、欧米でそんなこと言うと人間性を疑われる。夫婦げんかをして愚痴を言うことはあっても、パートナーを貶めるような発言は聞いたことないし、ことあるごとに「マイスペシャルワイフ」などと称えるのがデフォルトだ。

・日本人男性の前で夫のことを褒めたら「さすがガイジン（笑）」と揶揄されて、外国かぶれのように扱われた。

・体にフィットした服を着ていたら、日本人男性から「めっちゃアピるやん（笑）」とイジられた。「私の体は完璧ではないけど自分では気に入っている」と説明しても「自画自賛、乙」みたいな反応をされた。

まさにジェンダーギャップ指数120位のヘルジャパン、ブオオー！（法螺貝）

「女性差別の強い国ほど、女性の自己肯定感が低い」というデータもある。**女**

が自己肯定することが許せない、そんな国で生き延びるために自虐がクセになるのは無理もない。無理もないけど、次世代のために女性が自信をもって生きられる国に変えていきたい。

昨今は渡辺直美先輩やバービー先輩のような人たちが、そうしたメッセージを発信している(先輩と呼ぶのは尊敬しているから)。パイセンたちが切り拓く未来に続きたい、とイマジナリー法螺貝を吹き鳴らす日々である。

自虐が人を困らせるケースがあるのは事実だ。女性陣からは次のような意見が寄せられた。

・仲のいい友人が「私なんて○○だから」と自虐するのを聞くたび悲しい気分になる。

・「ブス」「デブ」「モテない」みたいな自虐をされると反応に困るし、ネガティブすぎて正直ウザい。

・「私なんてもうおばさんだし」と自虐されると「おばさんじゃないですよ」と

フォローするのが面倒ください。

・「私なんてもう30代だし、肌も老化してきたし」と自虐されると、年をとるのが怖くなるし、下の世代に呪いをかけないでほしい。

相手が親しい友人であれば「私はあなたを好きなのに、あなたが自分を卑下するのは悲しい」「あなたは素敵な人なんだから自信を持ってほしい」と真摯に伝えるといいと思う。そのうえで「自虐すると自尊心が下がるし、こいつは見下してもオッケーとナメられるし、ヤバい人を引き寄せてしまうよ」と意見してあげるといいだろう。

特に親しくない相手であれば「もっと自信を持って！　スマーイル！」と**修造返し**をキメよう。ポジティブすぎてウザいキャラになれば、「この人の前で自虐はやめよう」と相手は控えるはずだ。

あまり関わりたくない相手であれば「言霊って知ってる？　あなたの周りに

漆黒のオーラが見える」と**スピ返し**をキメよう。カラスやフクロウを肩にのせると、魔女感が出てチャーミング。が、相手もスピ系の人だった場合「私もオーラの研究にハマってるの！」とノリノリ紀香なリアクションをされて、逆に困るかもしれない。そんな時は「これ邪気を払うんだって」とそのへんの石とか渡して、さっさと逃げよう。

または「私なんて……」と自虐されたら「私なんてめっちゃ足クサいよ！カメムシが即死するレベルだよ！　よかったら嗅いでみる？」と**足クサ返し**をしよう。いそいそと靴下を脱げば、相手が逃げていくはずだ。

こちらに自虐するつもりはなくても、自虐と受け取られる場合もある。たとえば「おばさんだから」とつい言ってしまう気持ちは、このJJにはよくわかる。

同世代の友人と集まると「1分前のことを忘れる」「何もないところで転ぶ」「夕方になると目が見えない」とJJあるあるで盛り上がり、「おばさんだからね」とキャッキャウフフするのが楽しい。が、年下に向かって「おばさんだからね」

と言うと「フォローするべき?」と気を使わせてしまうもの。

なので私は「JJ力を見せつけた」と言うようにしている。すると若いガールズも「よっ、JJムーブ!」と返してくれて、明るい雰囲気になる。

関西人の我が思うに、関西は「おばちゃん」に悪いイメージが少ないんじゃないか。

子どもの頃は、中年女性のことを親しみをこめて「おばちゃん」と呼んでいた。豹柄パンチパーマの大阪のおばちゃんは人類最強の部族っぽくてかっこいいし、アベンジャーズの一員になってほしい。

ちなみに『じゃりン子チエ』のおバァはんは「正拳イスぶち抜き」などの必殺技を持つ、ヤクザもぶちのめす最強のババアだ。我もあんなババアになりたい、と憧れる私としては「おばさん」「おばちゃん」がポジティブな言葉になると嬉しい。

褒められた時に反応に困ってつい自虐してしまう、そんな自虐の民もいるんじゃないか。

たとえば「綺麗ですね」「若く見えますね」と言われた時に「ありがとうと返すべき？　でもお世辞なのに本気にしてると思われたらイヤだし、どっどどどうどどうしよう」と又三郎になった挙句「もう、おばさんをからかわないで！」と、おばさんっぽい返しをしてしまったりとか。

そんな場合、私は「わーい」「ヒャッハー」などテキトーに返すか、「恐悦至極に存じます」と武士っぽく返す。相手は深い意味があって言ってるわけじゃないので、さらっとサラサーティに受け止めて「ところで推しがね」ともっと大事な話をしよう。

ちなみに関西人が「その服、素敵だね」と褒められた時に「これ1000円やってん！」と食い気味に返すのは、お得な買い物ができた喜びの表現である。

2004年に『負け犬の遠吠え』（酒井順子著、講談社）が出版されてベストセラーになった。「独身女性は自虐した方が生きやすい」という趣旨の本だったが、独身女性が負け犬と揶揄されて、既婚女性と未婚女性の分断をあおる結果になった。なにより、下の世代に「独身女性は自虐するべき」と呪いをかけたと思う。

そこからようやく「イジリや自虐はもう古い」という風潮になってきた。令和は女性が自分を低く見せなくていい、堂々と胸を張って生きられる時代になってほしい。そのために豹柄コスチューム、巨大サンバイザー、ハンマー（UV日傘）、ガントレット（UV手袋）で武装して、アベンジャーズのように大暴れしたいと思う。

特別対談

今、知っておきたい「法律の護身術」

太田啓子×アルテイシア

証拠は「取れるものなら取っておく」

アルテイシア（以下アル）　この対談では、法律の専門家である太田さんから法的に身を守る方法を伺いたいと思っています。

太田　よろしくお願いします。

アル　まずお聞きしたいのが、職場でセクハラやパワハラに遭った時にどうすればいいか。以前「証拠を残すこと」と「仲間を作ること」が大切だ、とお話されていましたよね。

太田　証拠として記録をできるだけ残すというのが基本ですね。メールやLINEは気持ち悪いと思ってもすぐ削除せず、すべて証拠として取っておくことが大切です。たとえば変なプレゼントが机に置いてあったら写真を撮るとか、小まめに記録をとる癖をつける。警戒している相手がいる場合はこっそりレコーダーを持ち歩いて、近寄ってきたらさりげなくスイッチを押すとかね。音声録音は相手の同意がなくても証拠にできます。

言葉でのハラスメントは大抵突発的なことなので、なかなか証拠を取るのが難しく証拠が乏しいことが普通です。あまり気に病まずに「とれるものならとっておく」という心持ちでいるといいですね。

基本的に、まずはハラスメント相談窓口や人事部のような会社の然るべき窓口を利用することを考えます。ただし、そういった窓口が機能しないことも珍しくなくて、信用できない場合もありますから、あくまで選択肢の1つとして。きちんと対応してくれるところであれば、加害者を違う部署に異動させたり、仕事上での関係を持たないように工夫したりしてくれます。ハラスメントの内容によっては懲戒処分もありますから、相談してみてください。

日記やLINEも証拠のひとつ

太田　ただ、なかなかそうできないケースも多いですよね。会社の規模が小さくてそもそも異動が考えられない場合もありますし、職種によってはどうしてもその上司の下にいるしかないという場合もあります。逃げ場がないということは本当に大変です。そのような時は労働組合や外部の相談窓口、弁護士に相談することを考えてください。

会社に在籍しながらハラスメントと戦うのは大変ですが、本来加害者が悪いわけですから、被害者が「辞めなきゃいけない」「もう辞めるしかない」と思い詰めることなく、退職を決断する前に一度は外部に相談してほしいですね。

アル 記録を残すというと、今はスマホで簡単に録音できますし、日記やメモ、同僚や友人へのＬＩＮＥも証拠になるんですよね。

太田 そうそう。自分の日記も証拠になるんですよ。信用性がすごく高いとは限りませんが、業務日誌や日々の日記、友達への相談や愚痴のＬＩＮＥ、そういった小さなものでも証拠になるので、諦めないでほしいです。

裁判で扱う事件でも完璧な証拠を残すケースは多くはなくて、証拠として完璧じゃないものを繋ぎ合わせて証拠として認定してもらう場合もあります。ささいなものでも諦めずにとっておくといいですね。

「仲間」の存在が抑止力に

アル ２つ目のポイントは「仲間を作る」ことですが、孤立することによって精神的に追い詰められてしまうことが多いですよね。

太田さんは以前、まずは上司や同僚に相談して協力を求めてほしいと話していましたが、第三者が加害者に対して「それ、ダメですよ」「やめた方がいいですよ」と注意するだけでも、ハラスメントを牽制する効果があるんですよね。

太田　第三者からの注意があると、全く違うと思います。本当に「傍観する第三者」にならないということが大切ですね。それに、被害者としてもうまく他人が介入してくれれば、随分ほっとしますよね。ハラスメントの渦中にいるとどうしてもパニックになってしまいますが、誰かに相談していくうちに自分がこの件について何を求めたいのかわかることもあります。加害者と離れることさえできればいいのか、誰かにガツンと怒ってほしいのか……。

セクハラに遭って会社を辞めてしまったというケースはすごく多いです。ハラスメントに遭った場所に居続けるというのは本当に精神衛生に悪いので、本人も「会社を辞めたい」という考えになってしまうのですが、それはハラスメントによって辞めるように追い込まれているんですよね。転職で生涯年収が減っていくということもありますから、やはり自分が退職するのは最後の選択肢にしてほしいですし、退職の前には一度外部にも相談してほしいです。

アル 私の友人も、以前太田さんに教えていただいた労働弁護団の無料相談窓口に相談したそうです。担当の弁護士の方が本当に親身になってくれて、その話を上司にするだけでもすごく効果があったようです。「弁護士に相談した」という一言はすごく大きいんですね。

太田 こういう時には多少相手をビビらせないといけないんですよ。もともと若い女性が被害に遭いやすく、それは「若い女性」というだけでナメられがちになることも多いからです。だから「弁護士に相談に行ったら、こう言われました。私じゃなくて、弁護士がこう言いました」とキッパリ言ってナメさせないというのは、すごく意味があると思います。

弁護士ガチャは「当たり」が出るまで

アル どの弁護士にあたるかというのは、ガチャ要素があるなと思います。別の友人も労働弁護団に電話相談したのですが、彼女は担当者ガチャが外れだったらしく「その程度のことで……」という対応をされちゃったみたいで。

太田 特にセクシャルハラスメントについては、弁護士の中でも理解度は違いますね。労働弁護団がそうであってほしくないけど、でも個人差はあるかと思います。だから、1回で諦めずに。

アル 諦めないで!! 弁護士さんもいろんな人がいるので、ガチャで当たりが出るまで電話し続けてほしいです。

太田 そう思いますね。場合によっては年単位のお付き合いになるわけですから、電話した時に萎縮しちゃうような人じゃない方がいいですしね。

アル あと、お金がない場合はどうしたらいいでしょう？ 弁護士さんに相談

太田　しても「私、結局頼めないし……」という不安があると思うんです。弁護士費用を抑える方法もあります。民事法律扶助という仕組みがあって、日本司法支援センター（通称：法テラス）が弁護士費用を立て替えてくれるんです。経済力が一定以下という条件がありますが、依頼料は相場の2分の1～3分の1になり、分割払いもできるので負担は軽くなると思います。

ただ、その仕組みにも限界があって、「この人に頼みたい」という弁護士に、その制度を利用して頼めるとは限らないんです。ただし、法テラスでは3回まで担当者ガチャを引けるので、実際に行ってみて、3回までは相性がいいと思う人を探すことができます。そしてそこでご縁があった弁護士に頼む時には、必ず法テラスの料金で利用できることになっています。若い女性の場合は法テラスを利用しないと、金銭面で厳しいということもありますので〝費用を抑えて弁護士に相談したい時には法テラスに〟ということを覚えていればいいと思います。

フリーランスもまず弁護士に相談を

アル　なるほど。あとは、フリーランスで取引先の人からハラスメントを受けた場合はどうすればいいでしょうか？

太田　フリーランスは本当に大変ですよね。組織に属さず個別に取引相手とやりとりをするなかで、相手が立場を笠に着てハラスメントをしてくることもありますから。

労働法上の「労働者」にあてはまらないと労働法の適用がなく、その保護を受けられません。個別に業務委託契約に関するトラブルとか不法行為といった法的紛争の枠組みで闘うことはできますが、労働法の規制なく買いたたかれてしまう問題はクリアできない。実態としては明らかに力関係があっても、独立した自営業同士の対等な取引という形式になってしまうから、本当にやりづらいんですよね。

雇用契約はない以上、上司から業務命令を受ける部下ではないわけだから……ハラスメントを受けて嫌だったら自分の判断で仕事を断ればいい、というのが建前ですね。でも実際には「ここで仕事をもらわないと、この業界で生きていけない」というパワーバランスがありますよね。そこが法的に難しいところです。

アル 拙者もフリーランスなので、つらみです！

太田 ただし、名目が「業務委託」などフリーランスのようであっても、実態として「労働者」といえるような「使用従属性」があれば、労働法の適用があるという主張はできます。「使用従属性」とは、仕事の依頼や業務従事の指示に対する拒否の自由がないことや、業務内容や遂行の仕方について指揮命令下にあることなどが要素になり、法的には、名目ではなく実態で「労働者」性が判断されるというのが重要です。

それでも「労働者」とはやっぱりいえないフリーランスということはあるわけで、フリーランスの方がハラスメントに遭う被害があまりにも多いというのは近年注目されており国でも何かしなくてはという機運は生まれています。狼煙が上がり始めたところなので、ちょっとハードルがあるけれども、諦めずに証拠を残してほしいですね。そもそも内容によっては一般的な不法行為になりますから。

アル 狼煙をバンバン上げたいですね！　ハードルは高くなるけど、会社員と同じように労働弁護団や法テラスにまずは無料相談に行くということですね。

太田 そうですね。どこまでできるか、何が足りないかも含めて相談できるので、初めから費用面で無理だと諦めないで、一度弁護士に相談してほしいです。

「〇〇県　DV」で検索

アル では、パートナーからモラハラやDVを受けたらどうするべきでしょうか？

太田 まずは相手との関係をどうしたいかを考えてほしいですね。関係を解消したいと思ったときには、結婚しているかいないかでその容易さが全く違ってきます。

結婚している場合は相手が離婚に同意しない限り、調停や裁判になりますから、結構大変ですね。結婚していない場合は、えいやっとどこかに逃げてしまうことができますから。相手が追ってきて、ストーカー事案になることもありますが……。

たとえばモラハラに遭って関係を断ちたいと思った時に、その相手に対して経済的に依存している女性というのはやはり多いわけです。特に専業主婦やパートで働いている方は就活のように2〜3年「離活」をやってから離婚に踏み切るというパターンが多いですよ。経済的自立が大事です。子どもの有無や自分の健康、実家との関係によっても違ってきますが……。

経済的に自立できてなくてもとにかく離れたい、離れなくては危ないということもありますね。そういう時はためらわず堂々と生活保護を頼ってほしいです。

自分が一体どうしたいのかを、自分でもわからない時もあると思うんです。DVやモラハラで誰かに相談したいと思ったら、行政のDV相談窓口があります。

そこには女性相談員というプロがいて、法律的な問題を弁護士につないでくれたり、一時的な避難場所としてシェルターを案内してくれたり、公営住宅への入居のように使える制度や行政ができることをまとめて案内してくれますよ。

国と地方公共団体には、DV防止法上、「配偶者からの暴力を防止するとともに、被害者の自立を支援することを含め、その適切な保護を図る責務」があります。自分の住んでいる都道府県名を入れて「〇〇県DV」と調べると行政の相談窓口が出てきます。そこは割とハードルが低いと思うので、まずは電話してみてください。

もちろんすぐに弁護士に相談に行ってもいいと思います。離婚したいかどうか、まだ自分の気持ちが定まっていなくても、離婚したらどうなるのか、離婚するためには何が必要なのか知りたい時には「今日は情報を収集するために来ました」という法律相談も全然ありなので、遠慮しないで来てほしいと思います。法律は皆さんが思っている以上に自分の味方なんですよ。

アル　この本には「モラハラする人」という項目もありますが、やはりモラハラをする人はめったに変わらないだろうな……と感じます。私の女友達は婚約した段階でモラハラを受けてDV被害者支援団体に相談に行ったのですが、そこで働いている方は、ご自身がモラハラ被害に遭ったという経験者が多いので、すごく頼りになったと言っていました。「大丈夫、それはモラハラよ」とモラハラ認定してくれたうえに「いざとなったらモラハラに詳しい弁護士も紹介するからね」と言ってくれて、精神的にすごく安心したそうです。

太田　専門家に頼ることの大事さについて広く知られてほしいですね。友達や家族へ相談した場合、良かれと思って適切ではないアドバイスをされてしまうこともありますから。それはあくまで友人・家族レベルだというふうに心に留めておいて、専門家に話を聞いた方がいいと思いますよ。離婚や婚約破棄という問題になると、もう十分法律問題ですから。

「こういうことを弁護士さんに聞いていいのかわからないんですが……」とすごく恐縮して来る方もいらっしゃいますが、法的紛争一歩手前の場合にはそう説明し、案内できる窓口があれば紹介することも含めて弁護士の法律相談の管轄なので、本当に気軽に来てほしいなと思います。なんだか弁護士の職務拡大の宣伝みたいですが（笑）、でも、法律相談ってそんなふうに気軽に使っていいんですよ。

そしてモラハラ的なことは、偶然モラハラに遭わずに幸運に生きてきた人にはわからないんですよね。わかっていない友達や親が「あなたのことが心配だから言うんだけど」という体裁で「それぐらいで別れるなんて」「子どものために我慢したら」「彼もあなたのことを好きだから、ついそんなふうに言っちゃうんでしょ」と、良かれと思ってさらに呪縛を深めてくることも……。

アル　周りの人は「一度弁護士さんに話だけでも聞いてもらったら？」とアドバイスしてほしいですね。

太田　本当にそう思います。法律相談に来て遠慮しながら「私、離婚を認められるぐらいひどいことをされているのか、裁判所から見たら我慢しろと言われるレベルなのかわからなくて……」と言う人は、大抵どこへ出しても恥ずかしくないレベルの離婚原因がある場合が多いのですが、それでもご本人は「自分が悪いのかなと思って」とか自信がなくなってしまっている場合が多いんです。自信を奪うこと自体もモラハラの効果だなと思いますね。

アル　周りは「ちゃんと話し合ってみたら」と言いますが、まともに話し合えないからモラハラなんですよね。

明確なYES以外はNO

アル レイプのような性暴力被害に遭ってしまった場合はどうでしょうか？

太田 まずは警察、そして地域のワンストップ支援センター（医師による心身の治療やカウンセリング、捜査関連の支援や法的支援などの総合的な支援を一カ所で提供するために設置されている）に連絡ですね。嫌だと思うけれども、被害に遭ったらシャワーを浴びず、警察に服や下着をそのまま持っていくのが本当はベストなんですよね。そうできる人は本当に少ないけれども……。

アル 産婦人科医の女友達も、レイプ検査ではDNAを採取するのでシャワーを浴びないことはすごく大事だと言っていました。しんどいけれども、その場ですぐ警察に電話をして、シャワーも浴びずに警察へ行く。

太田 警察に行くかどうか迷うのは、加害者となんらかの人間関係がある時ですよね。見ず知らずの他人からいきなり被害に遭ったら、すぐに「私は犯罪被害に遭った」と思えますが、顔見知りやそれこそ上司、友人の場合は、「性被害に遭った」と自覚するのにも時間がかかることがあります。それが本当に難しいところです。

アル 考えるのも嫌かもしれないけど、心の片隅にでも覚えておいてほしい。

太田 そうそう。あらかじめ知っておくことの意味は本当に大きいと思います。想定していないことには、人間なかなか対応できないですよね。だから避難訓練が大事なように、情報として事前に知っておくことはすごく意味があると思います。

アル 日本だと、性的同意があったかどうかについても、被害者が責められることが多いですよね。明確なNO以外はYESという価値観がすごく強い。欧米だと、明確なYES以外はNOなのに。

太田 "YES means YES" 本当ですよね。

アル 被害者は自分も悪かったんじゃないかと思ってしまうけど、絶対そうじゃない。社会全体が「なぜ同意を取らなかった？」と加害者を責めるようにならないとダメなんですよ。「被害者を責める二次加害をやめろ」と声を上げていかないと。

太田　「私たちは今、問題がある社会に生きているんだ」と自覚することが大切ですね。大人としては、子どもや若い人にそんな現実を教えることに胸が痛くなりますが、こういう課題があるという情報は護身術として授けておきたいですよね。

オンラインハラスメントに遭ったら？

アル　ネットの誹謗中傷や嫌がらせはどうしたらいいでしょうか？

太田　まずはURLとスクリーンショットを取っておいてください。そのうえで、法的な紛争として争えるかどうか弁護士に相談ですね。匿名のアカウントによる嫌がらせは、まずその人がどこの誰なのか特定するところからですが、これについては、プロバイダ責任制限法で、プロバイダに対し、発信者情報の開示請求をするところから始める必要があります。認められるには「権利侵害の明白性」が必要です。この手続が本当にややこしくて大変で。弁護士費用以外の実費が高額だったり何かと厄介です。最近この法律は大改正があって、改善された部分もあるのですが、自分だけでの対応は普通無理なので弁護士に相談を。

基本的に、言葉による嫌がらせというのは簡単には違法にならないんですよね。悪口や批判も、それがものすごく曲解して歪めた論評であっても、「すごく的外れでひどい悪口を言っている」という域であって違法には簡単にはならない。

よく「こんなにひどいことを書かれたら名誉棄損になるんじゃないか」と聞かれるのですが、先に結論をいってしまうと、簡単には「名誉棄損」にはなりません。名誉棄損には、「名誉棄損罪」という犯罪になるのと、損害賠償請求をできるような民法上の不法行為になるのがありますが、裁判で圧倒的に多いのは民事の方なので民事を念頭にお話しします。

名誉毀損というのは、不特定または多数の人に対し、誰かの社会的評価を下げる事実を伝えることであるところ、この「事実」といえるかどうかがポイントです。ネット上の誹謗中傷の相当割合は、「事実」ではなく、単なる感想や意見、主観なんですね。「事実」か「感想や意見」かの区別は、「証拠でその存否を決めることが可能かどうか」だと思って下さい。たとえば「○○は不倫をしている」とか「前科者だ」という投稿をすると、それは「事実の摘示」です。でも「あのレストランはゲキマズ、行かない方がいい」「ブスのひがみ笑」「弁護士って食えなくなったから炎上商法かよ草」なんかは、証拠で証明できるようなものではない、主観や感想であって「事実」ではない。私も以前あまりにオンラインハラスメントがひどいのでエゴサーチをしたこともありましたが、ほとんどが「事実の摘示」ではなく、罵倒や嘲笑、見当はずれで歪曲した論評、といった域なんです。

アル 単なる悪口、とされることが多いんですね。

太田　不愉快な中傷だけども、感想や論評はそう簡単には違法にはならないんです。それでもあまりに度を越してると違法にはなり得ます。たとえば「太田啓子の腐った羊水で焼酎割って飲みたい（笑）」というツイートについて、発信者情報開示が認められたことがありますが、これは限界事例かなあ……。事実を摘示してなくても、人格を否定するような「侮辱」とか、写真やイラストで特定の誰かと特定できるようにして性的に貶める描写をするとかも、違法にはなり得ますから、あきらめなくてもいいんだけど、でもハードルは結構高いです。

アル　法律、早く追いついて……！　これもバンバン狼煙を上げていきたいですね。

まずは怒る練習が必要

アル　フェミニズムのコラムを書いていると嫌がらせがいっぱい来るのですが、

コラムの中で「悪質な誹謗中傷や嫌がらせに関しては法的に処置をする」と書いたらパタッとなくなりました。だから、ビビらせるのが本当に大事だなと。

太田 やっぱり相手をナメているから嫌がらせをするんですよね。本当にやるつもりがなくても「明日弁護士に相談に行きますから」「画像も全部保存しました」と書く。毅然とした態度を取ることはすごく大事なんですよね。

でも、ファイティングポーズを取ることを、女の子たちは教わっていないことが多いんですよね。「戦いなさい」とか「相手を威嚇しなさい」とか……個人差があるにしても、男の子はどこかでそういうふうに学ばされたことがあると思うんです。社会で実際に自分の尊厳を傷つける人がいることを念頭に置けば、女の子もそういう場合の戦い方を学んだ方がいいと思います。

アル 子どもの頃から「女の子はいつも笑顔で愛想よく」と言われ続けている

太田 から、反射的に笑顔が出てしまう。怒ることに慣れていない。だからセクハラの加害者が「相手も喜んでいた」と主張するんですよね。

アル 加害者の認知が歪んでいるんですよね。

太田 私も若い頃は「セクハラされても笑顔でかわせ」と洗脳されていました。処世術として、笑顔でかわすことしか引き出しにないんですよね。だから、まずそれを自覚することと、やはり怒るべき時に怒る練習が必要ですね。

アル 鏡の前でラオウ顔の練習を！ それに日本では「私はフェミニストじゃないけど」と枕ことばをつける人が多くて、やっぱり「怒る女は嫌われる」という恐れが強いんだろうなと。

韓国でもフェミニストは男から嫌われるというイメージが強いけれど、今、韓国の10代、20代女性の多くが「自分はフェミニストだと思う」と答えるそうです。「どうせ嫌われるんだったら、私はフェミニストだと言ってやる」という若い女性が増えているらしい。

太田 しっかりしていらっしゃる……。人気アイドルがフェミニストを公言したりしていますもんね。精神的に自立してハッキリものを言う女の人に怖気づかない男の人がいい、と女性が選べるようになると、男性もつられて変わってくると思うんですけどね。

アル 「自分より弱い女を求める男なんて願い下げだ！」と女性が言えるようになるといいですね。

置かれた場所で咲かなくていい

アル 女子の皆さんには「三十六計逃げるに如かず」という言葉を足の裏に彫ってほしいです。真面目で頑張り屋さんな女子は「逃げちゃダメだ」と思ってしまうんですよね。そうして長期間ストレスにさらされているうちに、逃げようとする気力すらも奪われる〝学習性無気力〟のような状態になってしまう。だから「逃げるが勝ち」ぐらいの気持ちで「ヤバイと思ったら即ダッシュ」を心がけてほしい。

太田　世の中には尊厳を傷つけてくる人がいるから、自分が自分を大事にしないと。

アル　「こんな弱い自分はダメだ」と責めてしまいがちだけど「助けを求められることが本当の強さだ」と思ってほしいです。

太田　そう思いますね。あとは、相手に合わせない勇気を持ってほしいですね。つい相手を喜ばせたいと思ってしまうけれど、喜ばせちゃいけない相手もいますから。

アル　私は「置かれた場所で咲きなさい」という言葉が嫌いなんですよ。置かれた場所がドブだったら、一生ドブから出られないじゃないですか？　ド根性大根みたいなガッツはなくていいし、むしろ若い女性はセクハラやパワハラの標的になりやすいから、「ここはドブだな」と思ったら逃げてほしい。1つの場所に縛られない方が、自分に合った場所を見つけるチャンスも増えるし。ここでがんばるのは無理と思ったら、しばらく休んで、別の場所に移動すればいいんですよ。

太田　本当にそうですよね。そう思います。

アル　私も周りの友人たちも、ほとんどが休職や退職を経験しています。そして今もみんな元気に働いています。疲れた時は休んで、助けを求める。それで人生終わりじゃないからね、いくらでも挽回できるからね、ということを伝えたいです。

文庫版おわりに

「あれからもう二度目の夏が来るんですねえ……」と空を見つめていますが、2年前に伴侶を亡くしたわけじゃなく、『モヤる言葉、ヤバイ人　自尊心を削る人から心を守る「言葉の護身術」』の単行本が出たのが2021年の夏でした。

このたび新たなタイトルで文庫化できたこと、大好きな笛美さんに推薦コメントをいただけたことは大きな喜びです。帯だけでも本書を買う価値があると思います。なんなら本文はおまけと思ってください。

単行本『モヤる言葉、ヤバイ人』には、多くの感想が寄せられました。「モヤる言葉に言い返せるようになった」「ヤバイ人が寄ってこなくなった」「言葉の瞬発力が上がった」「メンタルの戦闘力が高まった」「この本を教材として学校で配ってほしい」「企業のハラスメント研修で使ってほしい」など。「自分自身のジェンダー意識もアップデートできた」という感想もいただきました。

この2年を振り返ると、社会全体のアップデートも進んだと思います。「いい奥さんになりそうだね」といった発言に「わかる、モヤるよね！」と膝パーカッションするフレンドが増えたし、「セクハラされても笑顔でかわせ」から「嫌なことは嫌と言おう」という風潮に変わってきたんじゃないでしょうか。

去年「#私たちは寛大すぎる」というハッシュタグが広がったように、「私たちは怒っていいんだ」と目覚める女性が爆誕中ナウ、という空気を感じます。

私自身は20代でフェミニズムに出会って「私、怒ってよかったんだ」と気づき、自尊心を取り戻すことができました。そこから月日が流れて、47歳の私は以前ほど怒らなくなりました。

もちろん今でも性差別や性暴力にはバチバチに怒っているし、セクハラや差別発言をする政治家や有名人にはせっせと生霊を飛ばしています。ある時は生霊を飛ばしすぎて体調が悪くなり、そのタイミングでamazonのおすすめに盛り塩が出てきました。

一方、日常生活で誰かにモヤる発言をされても、あんまり腹が立たなくなりました。それは相手の背景を想像するようになったから。

たとえば以前は「なんで子ども産まなかったの？」とか聞かれたら「デリカシー‼」とグレッチを握りしめたけど、今は「この人は子どもを産むのが当然という価値観を社会から刷り込まれてきたんだな」と思うようになりました。

「結婚は？　子どもは？」と聞いてくるのは、やはり年配の方が多いです。彼ら彼女らの時代は「結婚して子どもを持って一人前」という圧が今よりもっと強かったし、特に女性はそれ以外の選択肢がなかった、女性が経済的に自立するのが困難な時代でした。

私が旅行や出張に行った話をすると「旦那さん許してくれるの？　優しい旦那さんね」と年配の女性によく言われます。

言われた瞬間は「なんで夫の許可が必要なんや」とモヤるけど、彼女らの世代は何をするにも夫の許可が必要だった、自由を奪われていたんだな……と想像すると、その発言が出るのも理解できます。さらには「苦労してきたんですね、お疲れ様でした」といたわりと友愛の心を持てるようになりました。

誰も生まれる時代は選べないのだから、「時代遅れ」と責めるのは酷だよな、私もTikTokとか全然わからないし……と思うようになったのが、ここ2年の個人的な変化かもしれません。

個人的な話をすると、17年前に夫と結婚した当時、私は義母にブドウ禁止令を出しました。息子のためにブドウの皮まで剥く義母に「そうやってかいがいしく世話を焼く母親が何もできない息子を育成するんやぞ」とイラついて「二度とブドウ買ってこないでください」と告げたのです。

そして先日、私は義母に「もうパンツ買ってこないでください」とパンツ禁止令を出しました。義母が息子のためにパンツを買ってくるため、パンツが無限増殖していたから。すると義母に「じゃあアルちゃんが買ってあげてね」と言われたので「パンツは自分で買うんですよ」と優しく返しました。当然ながら夫は自分でブドウの皮を剥き、みずからパンツを購入しています。

私が義母に優しく返したのは「この人だって買いたくて買ってたわけじゃないよな、パンツを」と思ったから。家父長制社会が「男のお世話係」を女に押しつけてきたからです。

そんな義母が全自動洗濯機を見つめながら「昔は洗濯板とたらいで洗ってたのよ、冬は手が冷たくてねえ」と呟くのを聞いて「日本昔話みてえだな」と思いつつ「マジでご苦労様でした……」と合掌しました。

少し前に、30代の女友達から「職場でジェンダーレス制服の話題になった時、同僚の女性が『私はスカートを履きたいし、スカートを選びにくくなるのは良くないと思う』と話していてモヤった」と聞きました。

スカートもズボンも自由に選べるようにしようという話なのに、スカートを選ぶ自分を否定されたように感じてしまう。そういう人は「みんな同じ」じゃないと不安なのでしょう。

選択的夫婦別姓の議論もそうです。別姓にしたい人が別姓を選べるようにしようという話なのに、反対派の人は同姓にしたい自分を否定されたように感じてしまう。そういう人たちは「人数が多い方が正しい」「みんな同じであれ」という日本の価値観に従ってきた優等生なわけです。

だから人と違うのが不安なんだな、そんな不安を感じるのも個人のせいじゃなく、同調圧力が強い社会のせいだよな……と考えることで、「選択的の意味もわからんのかバカめ」という怒りが消えました。まあ家父長制ゴリゴリのおっさんなどは今もひたむきに呪っていますが。

「なんでこの人こんなこと言うの⁇」とわからないとモヤモヤするけど、その発言の背景を想像するとモヤモヤが減ります。

「パーソナル・イズ・ポリティカル（個人的なことは政治的なこと）」

このフェミニズムのスローガンが腹落ちすると、個人ではなく政治や社会の責任に目が向きます。すると俯瞰して物事を見られるようになり、私の場合はさらに生きやすくなりました。怒るべき時に怒れることは大事だけど、あんまり怒ってばかりだと血圧も心配だから。

中年は血圧や血糖値が気になるお年頃。また若い人を見ると、おのれの股間を痛めて産んだ子のように錯覚するお年頃。だからこそ、次世代のためにジェンダーの呪いを滅ぼしたい。ヘルジャパンを少しはマシなジャパンにしたい。みんなが生きやすい社会にするために、世代間や男女間の対立を煽るんじゃなく、連帯していきたい。それが2023年の私の黄金のような夢です。

「アルテイシアさんのコラムを職場でシェアしたら、おじさんたちの態度が変わった」「夫とジェンダーやフェミニズムについて話せるようになった」など嬉しい感想もいただきます。

ジェンダー意識のギャップを埋めるために、本書が役に立てば幸いです。

相談窓口一覧

【恋人、配偶者にDVを受けたら……】

★ DV相談ナビ

☎ 全国共通短縮ダイヤル「#8008」はれれば

※最寄りの相談窓口に繋がり、相談することができます。

https://www.gender.go.jp/policy/no_violence/e-vaw/index.html

★ 配偶者からの暴力全般に関する相談窓口

https://www.gender.go.jp/policy/no_violence/e-vaw/soudankikan/01.html

【様々な人権問題について相談したいときは……】

★ 女性の人権ホットライン

☎ 0570-070-810（平日8時30分～17時15分）

http://www.moj.go.jp/JINKEN/jinken108.html

★ みんなの人権110番

☎ 0570-003-110（平日8時30分～17時15分）

http://www.moj.go.jp/JINKEN/jinken20.html

【経済的な理由で弁護士に相談ができないときは……】

★ 日本司法支援センター（通称：法テラス）

☎ 0570-078-374（平日9時～21時／土曜9時～17時）

★ 全国の法テラス一覧

https://www.houterasu.or.jp/chihoujimusho/index.html

【性暴力被害に遭ったら……】

★ワンストップ支援センターの性犯罪・性暴力被害相談
☎ 全国共通短縮ダイヤル「＃8891」はやくワン(ストップ)
※最寄りの相談窓口に繋がり、相談することができます。
https://www.gender.go.jp/policy/no_violence/seibouryoku/index.html

★ 性犯罪・性暴力被害者のためのワンストップ支援センター一覧
https://www.gender.go.jp/policy/no_violence/seibouryoku/consult.html

★ 各都道府県警察の性犯罪被害相談電話窓口
☎ 全国共通短縮ダイヤル「＃8103」ハートさん
※最寄りの相談窓口に繋がり、相談することができます。

【職場でハラスメントを受けたら……】

★ ハラスメント悩み相談室
https://harasu-soudan.mhlw.go.jp/

★ 労働基準監督署の総合労働相談コーナー一覧
https://www.mhlw.go.jp/general/seido/chihou/kaiketu/soudan.html

【職場のお悩みを誰かに相談したいときは……】

★ 働く人の「こころの耳相談」
☎ 0120-565-455（月・火17時～22時／土・日10時～16時）
https://kokoro.mhlw.go.jp/agency/

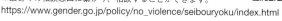

アルテイシア

作家。神戸生まれ。オタク格闘家との出会いから結婚までを綴った『59番目のプロポーズ』でデビュー。同作はTVドラマ化・漫画化もされた。著書に『生きづらくて死にそうだったから、いろいろやってみました。』(講談社)、『自分も傷つきたくないけど、他人も傷つけたくないあなたへ』(KADOKAWA)、『ヘルジャパンを女が自由に楽しく生き延びる方法』(幻冬舎文庫)、共著に『田嶋先生に人生救われた私がフェミニズムを語っていいですか!?』(KADOKAWA)他、多数。

本作品は小社より2021年7月に刊行された『モヤる言葉、ヤバイ人』を改題し、再編集して文庫化したものです。

だいわ文庫

モヤる言葉《ことば》、ヤバイ人《ひと》から心《こころ》を守《まも》る
言葉《ことば》の護《ご》身術《しんじゅつ》

著者　アルテイシア

二〇二三年六月一五日第一刷発行

発行者　佐藤 靖
発行所　大和《だいわ》書房
東京都文京区関口一－三三－四　〒一一二－〇〇一四
電話　〇三－三二〇三－四五一一

フォーマットデザイン　鈴木成一デザイン室
本文デザイン　六月
本文イラスト　imid
本文印刷　厚徳社
カバー印刷　山一印刷
製本　ナショナル製本

ISBN978-4-479-32058-6
乱丁本・落丁本はお取り替えいたします。
https://www.daiwashobo.co.jp